Genetic Architectures / Arquitecturas genéticas

SITES Books and
Escola Tècnica Superior d'Arquitectura
Universitat Internacional de Catalunya

Cover images (from top)
Gilberto Pérez
Yasushi Ishida
Einar Wahlstrøm
Constanza Albero & Valeria Álvarez

Back cover (from top)
Hugo Lima
Katherine Jafe
Edgar Mayor
Ernesto Bueno
Lois Hagmûller

© 2003 Lumen, Inc.
Individual copyrights revert to authors and architects.
ISBN 0-930829-51-4
Printed in Spain

Lumen Books / SITES Books
40 Camino Cielo
Santa Fe, New Mexico 87506 U.S.A.
lumenbooks@earthlink.net

www.sitesonline.org

Lumen Books / SITES Books are produced by Lumen, Inc., a non-profit, federally tax-exempt, 501(c)(3) organization.

Produced in collaboration with Escola Tècnica Superior d'Arquitectura (ESARQ), Universitat Internacional de Catalunya (UIC). Immaculada 22, E-08017 Barcelona, Spain.

www.unica.edu/esarq

Lumen Books and SITES Books are distributed in the U.S.A. and Canada by Consortium Book Sales and Distribution.
1-800-283-3572
www.cbsd.com

Genetic Architectures / *Arquitecturas genéticas* 4
Alberto T. Estévez

Iconoclastic Aspects of Genetic Architecture / 20
Iconoclastia filosófica y arquitectura genética
Alfons Puigarnau

Ecology & Construction / *Ecología y construcción* 44
Ignasi Pérez Arnal

Toward a Genetic Architecture / 70
Hacia una arquitectura genética
Dennis Dollens

Digital Experience(s) / *Experiencia(s) Digital(es)* 88
Alfonso Pérez-Méndez

An Open Experience / *Una Experiencia Abierta* 110
Joaquim Ruiz Millet & Ana Planella

Image: José Pedro Sousa

Arquitecturas genéticas:
el nuevo proyectar ecológico-medioambiental y
el nuevo proyectar cibernético-digital
Alberto T. Estévez

Arquitecturas genéticas (fig.1): no se trata sólo de un nombre metafórico... Nuevos materiales, nuevas herramientas, nuevos procesos, deben dar necesariamente nuevas arquitecturas... Pero, según en boca de quien, esto puede resultar revolucionario o desastroso, emocionante o despreciable, libertad absoluta o su limitación. El mundo por venir y el fin del mundo conocido luchan entre si y se dan la mano, toda una contradicción.

Esto es lo que empieza a despuntar y que desde la línea de investigación y docencia "Arquitecturas genéticas" se está avanzando: una línea iniciada definitivamente el jueves 30 de marzo del año 2000 por el que suscribe estas líneas desde la ESARQ (Escuela Tècnica Superior de Arquitectura) de la Universitat Internacional de Catalunya y que ahora encara su consolidación.[1]

Ciertamente, tras milenios de historia, hasta el momento el ser humano debía conformarse con actuar tan sólo en la superficie de las cosas. Hoy ya puede traspasar esa frontera y descender a un nivel de acción molecular, incidiendo incluso en el diseño genético, en las cadenas de programación que luego desarrollan por si solas elementos vivos naturales. Esto además lleva consigo una posible comparación directa con el mundo cibernético-digital: también puede pensarse en el diseño de las cadenas de programación que luego desarrollan por si solas elementos informáticos artificiales.

Bien, pues es la hora de aplicarlo a la arquitectura. De comenzar a trabajar con todo ello, para desarrollar los primeros escalones que nos lleven a esta nueva realidad que la ciencia y la tecnología ya permiten. Cuando esos elementos vivos naturales y/o informáticos artificiales pueden ser ya parte integrante del hecho arquitectónico. Desde una arquitectura avanzada contemporánea, contrapuesta -en superación- al ecologismo pintoresquista y contrapuesta -en superación- al uso del ordenador como mero sustituto del dibujo manual: un nuevo proyectar ecológico-medioambiental y un nuevo proyectar cibernético-digital, que empieza a contar cada vez con más

1. This line of research is directed by Alberto T. Estévez with the participation of other researchers such as: / *Esta línea de investigación está dirigida por Alberto T. Estévez con la participación de otros investigadores como*: José Juan Barba (2000-2003), Mark Burry (2002), Bernard Cache (2000-2001), Pietro Caruso (2002), Karl S. Chu (2002-2003), Dennis Dollens (2000-2003), Evan Douglis (2003), Agustí Fontarnau (2001-2003), Eleni Gigantes (2002), Mark Goulthorpe (2002-2003), Duncan Lewis (2000-2001), Marta Malé (2000-2003), Marcos Novak (2002), Kas Oosterhuis (2003), Affonso Orciuoli (2000-2003), Ignasi Pérez Arnal (2000-2003), François Roche (2003). Examples of this research may be seen at / *Se pueden seguir los resultados de la misma por ejemplo en* http://www.terra.es/personal8/933091699/web_geneticas/index.html.

Genetic Architecture:
New ecologic-environmental architectural design &
New cybernetic-digital architectural design
Alberto T. Estévez

1. Genetic architectures: New ecologic-environmental architectural design and new cybernetic-digital architectural design. Image of a digital pavilion made at ESARQ with Rhino, José Pedro de Sousa, Barcelona, 2002.

Arquitecturas genéticas: el nuevo proyectar ecológico-medioambiental y el nuevo proyectar cibernético-digital. Imagen de un pabellón digital realizado en la ESARQ con Rhino, José Pedro de Sousa, Barcelona, 2002.

Genetic Architectures (fig. 1): is not just a metaphorical name . . . New materials, new tools, and new processes must necessarily provide new architectures; however, this new architecture may turn out to be revolutionary, exciting or disgraceful, absolute freedom or its limitation—the world to come and the known world's end struggling hand to hand, in perfect contradiction.

This constructively oppositional tendency marks the most outstanding and progressive line of research and education in Genetic Architecture, a line initiated on Thursday, March 30, 2000 when ESARQ (Escuela Tècnica Superior de Arquitectura) at the Universitat Internacional de Catalunya subscribed to the Genetic Architectures program, which is now in its consolidation phase.[1]

After millennia, reaching up to the present, human beings could still perform only on a superficial level. Today, one can go beyond that threshold and search at the level of molecular action, even transforming the genetic design, the programming chains that will later generate naturally alive elements automatically. In addition, this new threshold leads us to a direct comparison with the cybernetic-digital world: one can also think of programming a chain design that will later develop automatically into artificial computer elements.

Now it is time to apply this research to architecture, to start working on it with deep-level possibilities, to develop the first steps taking us into a new reality already permitted by science and technology; that is, a reality where these natural life elements and/or artificial computer elements can be an integral part of the architectonic fact. From advanced-contemporary architecture's point of view, which is contrary—dramatically so— to painteresque environmentalism and the use of the computer as a mere substitute for drawing by hand, new ecologic-environmental architectural design and new cybernetic-digital architectural design appear in this new reality, substantiated by the many examples of architects and their works.

There are images from tales and visions, from popular

ejemplos, de arquitectos y obras.

Hay imágenes de cuentos y visiones, de sueños populares, como aun dibujadas delicadamente a plumilla, anticuadas y nostálgicas, que de pronto pueden coger un colorido nuevo. Vivir en el estómago palpitante de una ballena, de un ser animado, monstruoso o no, habitar dentro de un árbol, sobre él, o en el interior de una montaña cubierta de verde. Viejas utopías que ya pueden ser nuevas realidades.

Pero atención, porque no se trata tan sólo de realidades virtuales, de reflejos cambiantes. No se habla aquí de espejismos de ordenador, de los que ya se ha escrito demasiado. Estas líneas no se refieren ni siquiera a las metáforas ampliamente estudiadas que se establecen desde la biónica, desde mecánicas y formas aplicadas por imitación o inspiración en los ingenios de la naturaleza. Nada que ver con todo ello, ya obsoleto cuando a lo que se alude es a la más pura y dura realidad. O mejor dicho, a lo que es una incipiente realidad. Cuya novedad consiste en descubrir que la semilla apenas acaba de abrirse y por eso es el momento crucial para empezar a vigilar su crecimiento. Justo ahora es cuando debe hablarse sobre su futuro para preparar la llegada de los frutos.

Un poco de historia nada más...
El siglo XIX los experimentó y el XX trajo la incorporación definitiva a la arquitectura de materiales claves nuevos. Se revolucionó la secular construcción del pasado, verticalizante, a compresión, de piedra y ladrillo, y se inició la moderna construcción del presente, horizontalizante, a tracción, de acero y hormigón. Nuevos materiales, permiten nuevas técnicas, ofrecen otras libertades espaciales y formales; distintos lenguajes arquitectónicos en evolución; el clásico, el moderno, y últimamente el de la naturaleza... Pues a partir de ahora se revolucionará la mencionada moderna construcción del presente, horizontalizante, a tracción, de acero y hormigón, y se iniciará la genética construcción del futuro, organicizante, viva, de carne y hueso. Y podremos decir que el siglo XXI los experimentó y el XXII trajo la incorporación definitiva a la arquitectura de materiales claves nuevos. Vivimos tiempos increíbles, irrepetibles, pues en nuestros tres siglos pasado, presente y futuro (XIX, XX y XXI), están pasando tres tradiciones arquitectónicas

dreams, delicately drawn as though with a pen, old fashioned and nostalgic, that may suddenly absorb new coloration—living in the throbbing interior of a whale, of a living creature, monstrous or not, inside a tree, on top of it, inside a mountain covered in green. Old utopias may now become new realities.

We have to bear in mind, though, that we are not talking only about virtual reality. We are not talking about computer illusions, an issue that has been widely addressed. These new lines of investigation do not refer even to the typical metaphors studied in bionics, mechanical forms, and other forms applied by natural devices through imitation or inspiration. This investigation has nothing to do with those already obsolete approaches, especially since our reference is plain reality. In other words, we are addressing an incipient reality, the novelty of which is rooted in the evidence that the seed has just started to germinate and it is the time to begin to look after its development. At this precise moment, discussion must center on the seed's future in order to prepare for the harvest season.

Just a little history . . .

The 19th century constituted an experimental period, and the 20th century brought about the definite incorporation of new materials that are essential to architecture, a revolution in the secular, *verticalizing* construction of the past—based on the compression of stone and brick—as distinct from our contemporary, *horizontalizing* approach to construction—based on the traction of steel and concrete. New materials allow for new techniques and for spatial as well as formal freedom, the evolution of different architectural languages in process: classic, modern, and now natural . . . . Consequently, there will be a revolution in our contemporary horizontalizing approach, and genetic building will take over, organicizing, live, flesh and blood.

Comparably, we will then be able to say that the 21st century will be constituted as an experimental period and that the 22nd century will bring about the definite incorporation of new materials essential to architecture. We are witnessing incredible and unique times, since three architectural traditions—classic, modern, and natural—of our past, present and future centuries (19th, 20th, and 21st centuries), incorporate three key formalizations—verticalizing, horizontalizing, and

(del clasicismo, de la modernidad y de la naturaleza), con tres formalizaciones claves (verticalizante, horizontalizante y organicizante), correspondientes a los tres sistemas estructurales básicos (a compresión, a tracción y vivo).

El nuevo proyectar ecológico-medioambiental
Los primeros arquitectos modernos sensibles a la ecología, que ya utilizan nomenclatura técnica específica relativa al cuidado medioambiental y a las energías alternativas sostenibles, tenían su punto fuerte ahí mismo, pero su imagen arquitectónica dejaba mucho que desear, siempre limitada y tosca. De ahí que ante tan desolado panorama el abajo firmante, desde 1983, iniciase él mismo la búsqueda de una arquitectura cuya virtud no fuese únicamente ser ecológica y punto. Y no es hasta ahora, por parte de las generaciones más jóvenes de este cambio de siglo, que se está empezando a llegar a resultados también formales más que dignos, llenos de soltura, inteligentes y astutos a la vez.

En el bien entendido de que lo que aquí se define por un nuevo proyectar ecológico-medioambiental es uno muy concreto que empieza a despuntar en estos últimos cinco años. Pero su nombre puede llevar a engaño, pues no tiene nada que ver con el que habitualmente se llena la boca con las palabras ecología, medioambiente, contexto, cuidado del entorno, sostenibilidad, etc. Se han usado tanto y por tantos que han acabado por desgastarse. Y quien las suele usar normalmente rechaza este nuevo proyectar al que el texto se refiere, ya que éste se sitúa en el polo opuesto del habitual pintoresquismo y del que confunde ecología con conservacionismo.

Y con ésto se llega al meollo del tema, anunciando propiamente el nuevo proyectar ecológico-medioambiental no como el que crea "en" la naturaleza a conservar sino el que crea "con" la naturaleza. Y más allá, el que crea la naturaleza misma. Por tanto, no tiene sentido el estar acorde con el entorno pues se trata precisamente de crear de nuevo ese entorno. Y ésto porque, igual que antes con la pintura y escultura, la arquitectura como objeto cerrado (figura) a situar en un contexto abierto (fondo) se ha superado al romperse todo límite. Figura y fondo se han fundido ya para siempre en cualquier campo humano del que se hable.

Por eso mismo pierde su interés el crear "como" la naturaleza, pues a partir de ahora se puede inventar una

organicizing—that correspond to the three basic structural systems: compression, traction, and life systems.

The new ecologic-environmental architectural design

The earliest modern architects sensitive to ecology were already using specific technical terminology relative to the care of the environment and to sustainable, alternative energies. Such might have been their strength, but the resulting architectonic image does not come up to standard, since their work was always rough and limited. As a result and confronting such a desolate panorama, I began searching, in 1983, for an architecture that would go beyond mere ecology. Not until recently have younger generations begun to reach formal conclusions that are simultaneously dignified, loose, intelligent, and witty.

Let it be understood that what I am defining here as a new ecologic-environmental architectural design is a substantial, concrete model that began to emerge during the past five years. The model's name, Genetic Architecture, may be misleading, because it has nothing to do with traditional uses of the terms *ecology*, *environment*, *context*, *caring for the environment*, *sustainability*, and so on. That terminology has been overused and the terms have gradually lost their meaning. Moreover, those who normally use those terms tend to reject the new projection that I describe here since it locates itself in opposition to the usual, picturesque use of these terms, locates itself in a space where ecology and conservatism are confused.

With the preceding in mind, I come to the core of my subject: proclaiming that the new ecologic-environmental architectural design does not imply creating *in* nature but creating *with* nature. What is more, the new architect creates nature itself. Therefore, there is no point in being environmentally friendly since we are about to recreate the environment anew. Architecture—like painting and sculpture—as closed objects (figure) located in an open context (background) has overcome the limits. Figure and background have forever melted in any conceivable human area.

For this same reason, interest has diminished in creating *like* nature because, from now on, we can produce a new nature every day. Of course, from Antoni Gaudí to Santiago Calatrava, those architects who have projected *like* nature have

2. Including life elements as integrating parts of the same architectonic fact in order to improve the physical functioning of the buildings and their urban use. Proyecto Barcelona Verde, Alberto T. Estévez, Barcelona, 1995-1998 – photo: P. Vivas.

Inclusión de elementos vivos como partes integrantes del mismo hecho arquitectónico, para mejorar el funcionamiento físico de los edificios y el funcionamiento de uso de la ciudad. Proyecto Barcelona Verde, Alberto T. Estévez, Barcelona, 1995-1998 – foto: P. Vivas.

naturaleza nueva cada día. Claro que desde Antoni Gaudí hasta Santiago Calatrava, todos los que proyectaban "como" la naturaleza han sido un paso histórico necesario, de aproximación y entendimiento desde la arquitectura[2], pero hoy ya son eso, historia.

Ahora bien, antes de llegar al nivel de producción real de arquitectura genética, un primer paso que se está verificando y extendiendo cada vez más es incluir elementos vivos como partes integrantes del mismo hecho arquitectónico. Muchas veces para mejorar el funcionamiento físico y hasta estructural del edificio (fig. 2). Pero no tiene por que ser sólo por motivos funcionales. Los ejemplos más avanzados de ésto los ofrecen gente como Dennis Dollens e Ignasi Pérez Arnal[3], Duncan Lewis[4], Adrian Geuze[5], François Roche[6], junto a las modestas aportaciones de las obras del autor de este texto. Son siempre casos en que lo utilizado son elementos vegetales previamente existentes o sus anhelos. De momento es lo más económico. El siguiente paso será la mejora genética de esos elementos vivos aplicados, luego su mejor integración, para culminar con la creación de una casa viva toda ella. Un árbol con calefacción. De hecho, hoy en día ésto ya sólo es una cuestión de dinero. Y para ejemplificarlo se puede acudir a los mismos tópicos de la lucha ecologista. Si alguien me diese lo que vale un avión caza de última generación se le puede devolver un espacio vivo de arquitectura genética.

"Das Andere": Genetic Design
Y si ésto en la arquitectura, también en todo lo demás, en "lo otro", en el objeto, mobiliario, vestido, etc. Vestirse nuestra piel con piel viva. Aunque para Adolf Loos era un contrasentido recubrir un material con el mismo material, en este caso vida sobre vida. No obstante, la arquitectura genética puede hacer realidad la utopía loosiana del espacio recubierto de pelo blanco para el dormitorio de su esposa[7], que no era más que un *remake* de la naturaleza. Y se haría sin matar a ningún animal (al contrario, ¡creándolo!). Sin que nadie sufra. Sin traba alguna. Con las formas, texturas, colores que uno quiera. Pelo sedoso larguísimo hasta los pies de tonos plata brillante o rojo irisado. Con murmullo de mar incorporado y perfume a jazmín. Diseñando nuevos seres vivos cada día, por lo que lo ideal sería inventar sonidos y olores inéditos.

taken historically necessary steps forward in an approach and understanding of architecture.[2] Now such architects are only history. Nevertheless, before reaching a production level of genetic architecture, a first step is currently and increasingly being taken by incorporating life-elements as integral parts of the architectonic fact. Very often, these elements serve to improve the physical functioning, even the structure of the building (fig. 2), but this incorporating of life elements does not have to serve merely functional purposes. The most advanced examples of this incorporation are offered by authors such as Dennis Dollens and Ignasi Pérez Arnal,[3] Duncan Lewis,[4] Adrian Geuze,[5] François Roche,[6] in addition to my own modest contributions. In all the examples, already existing vegetable elements or desired elements are incorporated. So far, this method has been the most economical. The next step will consist of genetically improving these applied life-elements; and the following step, their integration, in order to end up creating a complete life-house. A tree with heating. In fact, nowadays the only obstacle is a matter of money. To illustrate this fact, we may evoke topics that arise in the environmental struggle: if someone were to offer the money needed to purchase a fighter-bomber plane from the last generation, we could produce genetic architecture's first live space. (Wasn't it just yesterday that outer-space tourism existed only in a cash utopia?)

"Das Andere": Genetic Design

This phenomenon occurs not only in architecture but also everywhere else—in "the other," in the object, whether it be furniture, or clothing, or anything else. Take the example of wearing an outfit made from living skin. To Adolf Loos it was contradictory to cover one material with the same material, and in this example it would be life over life. However, the loosian utopia of his wife's bedroom space being covered in white hair may be realizable with genetic architecture.[7] If so, the manipulation would be a mere remake of nature, accomplished without sacrificing any animal—just the opposite, by creating the animal!). With no creature suffering because of the manipulation. Without obstacles to the manipulation. With whatever forms, textures, and colors one may choose. Very long, silky hair in bright silver shades or in iridescent red. Incorporating the sea's

2. Recommended references: / *Se recomienda consultar sobre el tema los siguientes libros:* Alberto T. Estévez, *Calatrava*, Ed. Susaeta, Madrid, 2001, y Alberto T. Estévez, *Gaudí*, Ed. Susaeta, Madrid, 2002.
3. See / *Ver* www.tumbletruss.com.
4. For illustration see: / *Resulta ilustrativo ver el siguiente libro:* Edouard François, Duncan Lewis & associés, *Construire avec la nature = Building with nature*, Édisud, Aix-en-Provence, 1999.
5. See for example / *Ver por ejemplo*, Bart Lootsma - Inge Breugem (eds.), *Adriaan Geuze, West 8: Landschapsarchitectuur = Landscape architecture*, Stichting Rotterdam-Maaskant Foundation, Rotterdam, 1995.
6. See / *Ver* www.new-territories.com/roche%20default2.htm.
7. Contrast / *Confróntese en* Adolf Loos, *Das Andere*, n. 1, Viena, 1903.

3a. Understanding software itself as the material to work with. Part of a digital pavilion made at ESARQ with the MJM machine, Mark Goulthorpe, Barcelona, 2002 – photo: A. Estévez.

De lo que se trata es de entender el mismo software como el material con el que trabajar. Parte de un pabellón digital hecho en la ESARQ con la máquina MJM, Mark Goulthorpe, Barcelona, 2002 – foto: A. Estévez.

3b. Mark Goulthorpe (left) and Dennis Dollens (right) at the ESARQ, Barcelona, 2002 – photo: A. Estévez.

Mark Goulthorpe y Dennis Dollens en la ESARQ, Barcelona, 2002 – foto: A. Estévez.

Acabaremos acostumbrándonos, pues al fin y al cabo se trata de un proceso creativo similar al de cualquier arte, sólo que cambiando el óleo, el bronce y la piedra por cadenas de ADN. Por eso, que nadie se piense que por tener estas nuevas posibilidades en la mano dejará de ser humano, ya que siempre se actúa con un material previo, aunque sea a nivel molecular, nunca sacado de la nada. En todo caso, tan sólo cabría el límite sobre la manipulación de seres humanos, que tienen conciencia propia y por tanto una dignidad personal intocable y única en el mundo conocido. Esto es fácil de entender, pues procede del mismo acuerdo que tenemos entre nosotros de ni matarnos ni comernos los unos a los otros. Claro que no todos lo respetan, pero no por ello dejamos de salir a la calle.

El nuevo proyectar cibernético-digital

De la misma manera, el nuevo proyectar cibernético-digital aquí referido está mucho más allá de quien utiliza el ordenador tan sólo para dibujar mejor y más rápido lo que durante siglos se ha hecho a mano, pues en esto no hay variación sustancial alguna de la arquitectura resultante. También en este caso las palabras han sido demasiado usadas y pierden su fuerza original. De lo que se trata es de entender el mismo software como el material con el que trabajar. Cortando las amarras con lo que tan sólo son representaciones gráficas de algo previo que fluye desde un cerebro externo. Con el mismo esfuerzo que pusieron los artistas de las vanguardias históricas en romper con las apariencias físicas que nos rodean, al entender que el color, la textura, el gesto mismo es la materia de su arte y no la imitación de lo existente. Así llegaron a la abstracción. Así saldrá una arquitectura coherente y a la altura de los nuevos medios.

Y para hacerse una idea de lo dicho, lo mejor es también dar algunos nombres. Los ejemplos más avanzados de ésto los ofrecen arquitectos como Bernard Cache,[8] Karl S. Chu,[9] Mark Goulthorpe (figs. 3a y 3b),[10] Marta Male (fig. 4),[1] Marcos Novak,[11] Kas Oosterhuis,[12] todos ellos también implicados en la ESARQ. Pero, cuidado, porque cuando medio mundo aún anda como loco por las piruetas gráfico-informáticas holywoodienses más parecidas a un espectáculo de variedades que a otra cosa, desde Europa ya construimos "de verdad" mediante procesos íntegramente digitales. Ya no son meros conceptos, dibujos o

murmur and jasmine's perfume. With the design of new, living creatures every day and, ideally, the invention of new sounds and smells.

We will end up getting used to such achievements, since they will result from a creative process similar to that of any other art—swapping oil colors, bronze, and marble for DNA chains. I do not mean that the new possibilities will cease to be human, because there is always a previous material, although at a molecular level. The possibilities will never arise out of nothing, *ex nihil*. Nevertheless, the only limit on this type of manipulation will be established at the level of human beings, since we have our own conscience and thus an untouchable, unique personal dignity in the known world. This premise is easy to understand, since it arises from our common agreement to prevent killing or eating one another. Of course, not everyone respects the agreement, but that does not stop us from living our lives.

The new cybernetic-digital architectural design

Similarly, the new cybernetic-digital architectural design I refer to is beyond those who use the computer only to produce better and faster drawings, which used to be done by hand, since their result does not present any substantial difference from traditional architectural drawing. In this case, terms have been overused and lost their original power. For instance, we must now understand *software* as *material* to use in our work, severing software's links to what is only the graphic representations of something previous, flowing from an external brain. By the same effort that historical avant-garde artists employed in breaking down physical appearances surrounding us and coming to understanding color, texture, the gesture itself as the subject matter of their art and not the imitation of the already-existing. Thus abstraction arrived among us and thus a new coherent architecture will come from the new means.

In order to give a better idea of this development, I recommend looking at some of its authors. The most advanced examples are offered by the architects Bernard Cache,[8] Karl S. Chu,[9] Mark Goulthorpe (figs. 3a & 3b),[10] Marta Malé (fig. 4),[1] Marcos Novak,[11] Kas Oosterhuis,[12] who are all involved in the ESARQ program. We must be circumspect, though, because while most people are still stuck in trying to figure out fancy Hollywood-like graphic-computing pirouettes, produced more in

4. Architectural parts in different materials made at ESARQ with the CNC machine, Marta Malé, Barcelona, 2002 – photo: A. Estévez.

Elementos arquitectónicos en diferentes materiales realizados con la máquina CNC, Marta Malé, Barcelona, 2002 – foto: A. Estévez.

8. See / Ver www.objectile.net.
9. See / Ver www.sciarc.edu/gallery/chu.html.
10. See / Ver www.hyposurface.com.
11. See / Ver www.centrifuge.org/marcos/.
12. See / Ver www.oosterhuis.nl/.

5. Technology headed in the right direction allows for "real" construction, by means of completely digital processes. Panel of a digital pavilion made at ESARQ with the CNC machine, Bernard Cache, Barcelona, 2001 – photo: A. Estévez.

La tecnología dispuesta en la dirección correcta permite construir "de verdad" mediante procesos integramente digitales. Panel de un pabellón digital realizado en la ESARQ con la máquina CNC, Bernard Cache, Barcelona, 2001 – foto: A. Estévez.

maquetas irrealizables, donde los requerimientos constructivos no forman parte del entendimiento proyectual, como suele pasar en esas escuela-espectáculo. Es espacio real. Útil, firme y bello (aunque sus tres contrarios también pertenezcan a la arquitectura moderna). A escala uno/uno, diseñado y producido todo él cibernéticamente, con la infraestructura de última tecnología que dispone la ESARQ: máquinas de CNC[13] y de MJM[14] guiadas por programas aplicados por primera vez a la arquitectura. Por que ahí está la clave, hacer viable para la edificación real la conexión entre el diseño del ordenador y su producción a máquina. Algo que también por fin ahora ya es posible: una construcción física, robotizada y que puede hasta ser permanente... Una torre de Babel hecha realidad (fig. 5).

Es pensar una nueva arquitectura desde dentro del nuevo medio mismo. Otra vez, en superación de un simple "plotter 3D" que tan sólo hace las mismas maquetas que hasta hoy se hacían costosamente a mano. Superación posibilitada por la gran diferencia que aporta el nuevo software con el que se está trabajando. Y es que pueden incluirse en todo momento las variabilidades propias de una puesta en obra real. Y como las variaciones se pueden automatizar, y a la máquina le da igual hacer 100 piezas todas iguales que 100 todas distintas, como tienen el mismo costo sean iguales o diferentes, se ha llegado al fin de uno de los mayores mitos de la modernidad, la producción en serie uniforme. He aquí pues otro tema: la evolución del lenguaje de la arquitectura a lo largo de los tiempos se corresponde no sólo con una evolución de los materiales sino también de los procesos de producción. Los objetos clásicos en el pasado se hacían uno a uno, a mano. Los objetos modernos en el presente se hacen en serie, a máquina, todos iguales. Los objetos genéticos en el futuro se harán también automatizados, pero todos diferentes. (Fig. 6)

En definitiva, el arquitecto ya no ha de pensar en una forma final sino en un proceso. El arquitecto, como el genetista, diseña el software, la cadena de ADN artificial (o natural, en su caso), que ella misma convertirá en producto edificado. Y tanto puede crear un individuo sólo como una raza entera, con infinidad de pequeñas variaciones automatizadas. En una automatización de la variabilidad que no tiene porque ser sólo fruto del azar. Arquitectos, creadores de razas de edificios: suena bien, pero

the manner of a variety show, we in Europe are already building complete, real-digital processes. These processes do not result in unrealistic drawings in which construction is not part of the understanding of the project, as usually happens in "spectacle schools." This real, created space, at a scale of one/one, is completely designed and cybernetically produced with the latest technological infrastructure available at ESARQ: CNC[13] and MJM[14] machines activated by programs applied to architecture for the first time. The key is to make feasible the connection between computer design and machine production for real building. Something that is also finally possible: a robotized physical building, and it may even be permanent—a Babel tower made real (fig. 5).

6. Architectonic part of a wooden pergola made at ESARQ with the CNC machine, José Noel del Toro, Barcelona, 2002 – photo: A. Estévez.

Elemento arquitectónico de una pérgola de madera realizada en la ESARQ con la máquina, José Noel del Toro, Barcelona, 2002 – foto: A. Estévez.

The process consists of thinking a new architecture inside the new media itself, once again overcoming a simple "plotter 3D" that only reproduces the same models that used to be handmade. The process is possible thanks to the technological development of the software now being used, which allows for all the personal variabilities of a real work.

Since variations may be automated with the new technology, it makes no difference for the machine whether it makes 100 identical pieces or 100 different pieces; and since the pieces, whether identical or different, cost the same, we have broached one of the greatest myths of the modern era: production in uniform series. Thereby, another issue is raised: the evolution of architectural language over the years not only corresponds to an evolution of materials, but also to an evolution of the processes of production. Classical objects of the past were produced one by one, by hand. At present, modern objects are machine produced in series, all identical. Future genetic objects will be also be produced automatically, but all different. (Fig. 6)

In conclusion, the architect should no longer think of final form but of process. The architect, as the geneticist, can now design the software, the DNA chain (artificial or natural), which will produce the built product by itself. An individual may create so much as an entire race, with an infinite number of small, automated variations. The automatization of variability does not have to be merely the result of a lucky outcome. Architects, creators of races of buildings: that sounds good but

13. Ver/see www.axyz.com.
14. Ver/see www.cadem.com.tr/3dsystems/thermojet.

extraño, con demasiadas connotaciones que no tienen nada que ver con la arquitectura. Cuando el arquitecto del futuro ya no tendrá albañiles a sus órdenes sino ingenieros genéticos.

Epílogo

¿Pura utopía o realidad cercana? Edificios cuyas paredes y techos crecen de carne y piel, o por lo menos de texturas vegetales, que la genética puede llegar a desarrollar, con la calefacción radiante incluida a través de sus venas y sangre refrigerante, aportadora del oxígeno necesario para la respiración, y sin necesidad ya de enyesar, pintar y repintar. Y también desde la cibernética se construyen solos, sin parar, día y noche, superando por fin las enormes limitaciones de la industria de la construcción, de hecho, aún inmersa en la artesanía. Superación absoluta del ideal moderno de tipificación y prefabricación en serie. Ninguna forma cerrada: disolución total del objeto aislado, ahora en perpetua construcción, en su ecosistema, incluso creador del mismo. El arquitecto sólo ha de proyectar la cadena de programación generadora de todo, y eso ya lleva a un edificio en permanente cambio, vivo.

Absoluta ciber-eco fusión... ¿Quién será el nuevo Cristóbal Colón? ¿Quién será el primero en obtener un software artificial que sea idéntico al software natural, al ADN? softwares clónicos, de manera que el arquitecto pueda simular con él, gráficamente, el diseño de casas genéticas con las mismas cadenas de información (los mismos unos y ceros) que usa la naturaleza... La "puesta en obra" sería inmediata...

strange, with connotations that have nothing to do with architecture. The architect of the future will no longer direct masons but genetic engineers.

Epilogue

Pure utopia or near reality? Buildings whose walls and ceilings grow with their own flesh and skin, or at least with plant textures, which genetics is able to develop, including shining heating coming through the veins delivering the oxygen necessary for breathing. There will be no need for painting and repainting the walls. And from cybernetics the walls will be built on their own, day and night, overcoming the limitations of the construction industry, still drowning in the arts-and-crafts model. Genetic architecture is the absolute overcoming of the modern ideal of typification and prefabrication in series. No closed forms: total dissolution of the entire isolated object, now being built constantly, in its own ecosystem, ever creating it. The architect has only to program the chain that will generate everything else, leading to a building undergoing permanent change—life.

Total cyber-eco fusion . . . Who will be the new Christopher Columbus? Who will be the first to achieve man-made software identical to natural software, to DNA, cloning softwares that architects can use to simulate, graphically, the design of genetic houses with the same strings of information, the same ones and zeros, that nature uses. Putting it to work will occur immediately . . .

Translated by Dulce Tienda

Alberto T. Estévez holds a Ph.D. in architecture and is a designer and art historian. He is the founder and director of ESARQ UIC (Escuela Tècnica Superior de Arquitectura, Universitat Internacional de Catalunya) in Barcelona: the first school in Spain with a dedicated Ecology & Architecture Department that teaches the subject of Ecology & Architecture from the first through the last year of architecture studies and then in graduate work. For more information about the author, please visit http://arquitectes.coac.net/estevez/; for information about Ecology & Architecture visit http://enredando.com/cas/entrevista/ entrevista48a.html.

Alberto T. Estévez es doctor arquitecto, diseñador e historiador del arte, fundador y director de la ESARQ (Escuela Técnica Superior de Arquitectura) — Universitat Internacional de Catalunya (UIC), en Barcelona. Sobre el autor se puede visitar la página http://arquitectes.coac.net/ estevez/ y sobre este tema ver también http://enredando.com/cas/entrevista/ entrevista48a.html.

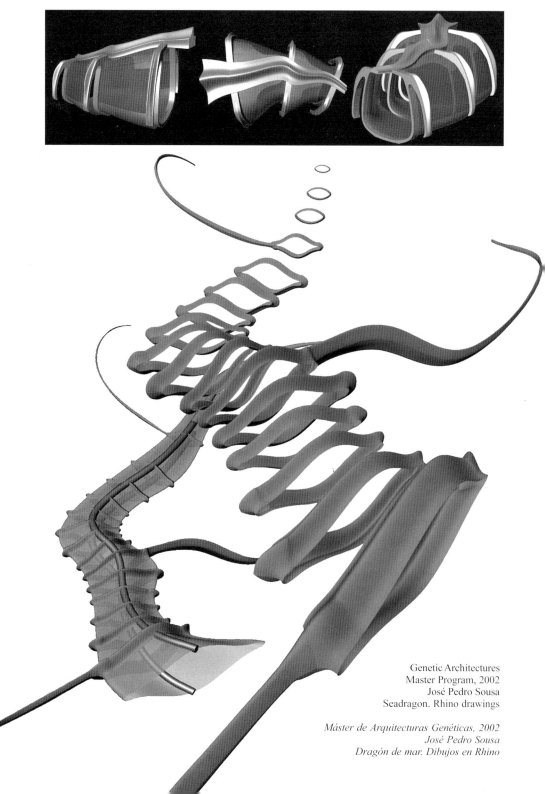

Genetic Architectures
Master Program, 2002
José Pedro Sousa
Seadragon. Rhino drawings

Máster de Arquitecturas Genéticas, 2002
José Pedro Sousa
Dragón de mar. Dibujos en Rhino

Genetic Architectures Master Program, 2003
Katherine Jofre
Coral lexicon. Rhino drawings

Máster de Arquitecturas Genéticas, 2003
Katherine Jofre
Lexicón de coral. Dibujos en Rhino

Iconoclastia filosófica y arquitectura genética
Alfons Puigarnau

Introducción[*]

Por mi condición de historiador y filósofo, no me incomoda la reciente incorporación del término "genética" a la metodología de análisis científico de la arquitectura. Para los guardianes del orden tradicional en la metodología de las ciencias esto podría sonar a transgresión.[1] El hecho es que toda ciencia es ciencia humana, y que algo "genético" está necesariamente referido al origen de las cosas. Todos conocemos el platonismo con que el *Timeo* relata una de las más profundas cosmogonías de la cultura grecorromana antigua. Ciertamente, una visión genética es una visión de los orígenes. Junto a todo esto, no se precisa de una gran imaginación bíblica para captar la importancia del *Génesis* en el contexto de la poética literaria de un nuevo orden cósmico presidido por una nueva criatura rodeada de las mismas bellezas que hoy todos contemplamos; todo ello, muy a pesar de los desastres de nuestro propio impacto antiecológico sobre la naturaleza salvaje y sobre la propia condición humana.

Al hablar de la *Weltangschaung,* los académicos alemanes se refieren a la cosmovisión, entendida como una determinada *visión del mundo*. Este concepto interesa en cualquier estudio sobre los orígenes de la imagen o *iconogénesis*. Junto a este interés por los orígenes, el hombre tiene, invariablemente, una apetencia estética por los iconos.[2] Necesitamos imágenes para comprender el mundo a nuestro alrededor. Se podría afirmar que cualquier génesis se refiere -por mantener la etimología griega- a un icono. De hecho, sin la génesis no cabe el icono. Tras la cosmología llega la iconografía. Y tras ésta se van escalonando distintas realidades culturales como la arquitectura, la música o la metafísica.

La arquitectura genética es una expresión contemporánea acuñada para expresar cualquier tipo de iconografía de los orígenes de un espacio proyectado. Se la podría llamar algo así como Iconofilia espacial (del griego "amor a las imágenes"),[3] con un elemento añadido, tal y como hoy día se le conoce: la Arquitectura digital; un arte de cerrar espacios, por así decirlo, "con los dedos". Este es el significado de "digital": algo manejado con los dedos (del latín "digitus").

---

[*] I acknowledge Dennis Dollens for generously accepting my proposal for publication, Alberto T. Estévez for his daily belief in this research at ESARQ-UIC, and Thomas Gerard Keogh for reviewing my text. Very special thanks to Prof. Dr. José Miguel Odero for his accurate work in dealing with Kant and Hegel's texts, which has been so useful for the philosophical apparatus of this paper.

[*] Mi agradecimiento a Dennis Dollens por su aceptación generosa de mi propuesta para esta publicación, y a Alberto T. Estévez, por su confianza en esta investigación en la ESARQ-UIC de Barcelona. De manera muy especial agradezco al Prof. Dr. José Miguel Odero por las referencias proporcionadas en relación a la obra crítica de Kant y Hegel citada en este aparato crítico.

1. Cf. E. A. Burtt, *The Metaphysical Foundations of Modern Physical Science,* New York, Anchor, 1954, p. 61.

2. Cf. P. Florenskij, *Le porte regali. Saggio sull'icona*, a cura di Elémire Zolla, Piccola Biblioteca Adelphi nº 44, Milano 1977 (4ª edició: 1993); P. Florenskij, *Lo spazio e il tempo nell'arte*, a cura di Nicoletta Misler, Adelphi, Edizioni, Milano 1995. My thanks to Prof. Dr. Carles Martí (ETSAB-UPC) for these references.

2. Cf. P. Florenskij, *Le porte regali. Saggio sull'icona*, a cura di Elémire Zolla, Piccola Biblioteca Adelphi nº 44, Milano 1977 (4ª edició: 1993); P. Florenskij, *Lo spazio e il tempo nell'arte*, a cura di Nicoletta Misler, Adelphi, Edizioni, Milano 1995. Mi agradecimeinto al Prof. Dr. Carles Martí (ETSAB-UPC) por estas referencias.

3. For the use of this terminology: K. Parry, *Depicting the Word. Byzantine Iconophile Thought of the Eigth and Ninth Centuries*, Leiden-New York-Köln, E. J. Brill, 1996.

3. *Para el uso de esta terminología:* K. Parry, *Depicting the Word. Byzantine Iconophile Thought of the Eigth and Ninth Centuries*, Leiden-New York-Köln, E. J. Brill, 1996.

Iconoclastic Aspects of Genetic Architectures
Alfons Puigarnau

Introduction[*]
Because of my position as historian and philosopher, I do not feel uncomfortable with the recent introduction of the term *genetic* into an analysis of architecture. This might sound transgressive from a guardian of the traditional order in the Methodology of Sciences.[1] The point is that all science is a human science, and that something "genetic" evokes the origin of things. We all know that Plato's *Timaeus* refers to the most profound cosmogenesis in Greco-Roman ancient culture: a genuine birth of the visible world that gives voice to one of the most ubiquitous and influential of human cosmovisions, because a genetic vision is a vision of origins. Moreover, there is no need for an extraordinary biblical imagination to grasp the importance of the *Book of Genesis* in terms of the literary poetics of a new cosmos inhabited by a new creature surrounded by the same treasures of beauty we all still contemplate, despite the disasters of our own un-ecological impact upon wild nature and mankind itself.

German scholars speaking about a *Weltangschaung* referred to this cosmovision associated with any cultural approach to the world because we are interested in examining the genesis of things, in images. We have, together with an interest in the origin of things, an aesthetic hunger for icons.[2] We need images to understand the world around us. All genesis, we may state, is referred—to keep the Greek format—to an *icon*. In fact, without genesis, there are no rules for icons. After cosmology comes iconography. And after iconography, we find the different forthcoming cultural realities such as architecture, music or metaphysics.

Genetic Architecture is a contemporary coinage for labeling any kind of iconography of the origins of projected space. We might call Genetic Architecture a sort of spatial *iconophilia*[3] (from the Greek "love of image") with an added element known today as digital architecture: the art of closing spaces projected "with fingers," so to speak, because that is what *digital* means: something managed with fingers (from the Latin *digitus*).

By no means should we avoid the contemporary element in our theoretical discourse, which means that this spatial iconophilia of original space, also called Genetic Architecture,

Lo que aquí se pretende no es obviar el elemento contemporáneo en el discurso teórico. Se trata de explicar que esta Iconofilia espacial del espacio original, también llamada arquitectura genética, remite a una especie de seno materno orgánico de origen biológico, un espacio primario delimitado por un icono primigenio de uno mismo antes de nacer. Un icono primitivo que postula una ausencia de forma original, que necesariamente implica la idea de odio a la imagen o Iconoclastia.[4] Este es el concepto sustancial de iconofilia: una iconoclastia que la complementa en forma de una arquitectura digital. Por eso es fundamental una justificación filosófica de esta complementariedad entre la iconofilia y la iconoclastia de nuestro tiempo.

Es posible utilizar términos filosóficos como el de la *Différance*[5] derridiana o el concepto triasiano de Límite,[6] así como muchas otras propuestas filosóficas deconstructivistas. Es preciso pensar en una ignorancia complementada con un conocimiento, una negatividad con una positividad, un profundo silencio[7] implementado por una palabra verdaderamente documentada.[8] Esto es contemporaneidad: contraste, oposición, bipolaridad, *grottesco*.[9] Éste es el contexto analítico para cualquier reflexión sobre la arquitectura genética: una iconoclastia junto a una iconodulia.

La crisis contemporánea de la mímesis
Jorge Luis Borges, uno de los más importantes literatos de nuestro tiempo, sintetiza este conflicto ideológico en la forma arquitectónica del Laberinto.[10] En 1969 escribe una pequeña obra poética que ilustra el drama de la condición humana en la era de la deconstrucción: *Elogio de la Sombra*, donde se encuentra un poema independiente titulado "El laberinto". Ahí encontramos las siguientes palabras, como una referencia somera a la condición interior del hombre de nuestro tiempo:

> *Zeus no podía desatar las redes*
> *de piedra que me cercan. He olvidado*
> *los hombres que antes fui; sigo el odiado*
> *camino de monótonas paredes*
> *de mi destino. Rectas galerías*
> *que se curvan en círculos secretos*
> *al cabo de los años. Parapetos*
> *que ha agrietado la usura de los días.*[11]

involves a kind of architectural organic womb with biological origins, a sort of primary space delimited by a primary icon of ourselves. But a primary icon indicates an original lack of form that necessarily embodies iconoclasm, the concept of hatred for icons.[4] Thus a substantial concept of contemporary iconophilia is a complementary, architectural, digital iconoclasm. There is urgent necessity for a philosophical justification for this complementarity between contemporary iconophilia and iconophobia.

Philosophically speaking, we have the Derridian *différance*[5] or the Triasian concept of *limit*,[6] as well as many other deconstructive philosophical proposals—an ignorance complemented by a knowledge, a negativism together with a positivism, a profound silence[7] implemented by a documented word.[8] That is what contemporaneity consists of: contrast, opposition, bipolarity, grotesque.[9] And this is the analytical context of any reflection regarding Genetic Architectures: an iconodulism paired with an iconoclasm.

The Contemporary Crisis of Mimesis

Jorge Luis Borges, one of the major authors concerned with the contemporary contrast of concepts, has synthesized this ideological conflict of ideas in the architectural form of the labyrinth.[10] A title poem written by Borges in 1969 illustrates the drama of the human condition in our deconstructive era: *Elogio de la sombra* (*In Praise of Darkness*); in the book we find a single poem entitled "El laberinto" ("The Labyrinth"), in which we discover the following quick reference to the inner contradiction of the human being of our times:

> *Zeus could never untie the rocky*
> *ropes that bind me. I have forgotten*
> *those men I once was; I follow the detested,*
> *monotonously walled road*
> *that is my fate. Straight galleries*
> *curving in secret circles*
> *to the end of the years. Parapets*
> *Cracked by the usury of days.*[11]

In the present context we need to understand the labyrinth as the contemporary crossroads of rationalistic and Genetic Architecture: the anti-labyrinth, the classical,

4. A classical primary source: Nicéphore, *Discurs contre les iconoclastes*, edited and translated by Mondzain-Baudinet, M.-J., Paris, Klincksieck, 1989.

4. Una fuente primaria clásica sobre este tema en: Nicéphore, *Discurs contre les iconoclastes*, trad., présent. Et notes par Mondzain-Baudinet, M.-J., Paris, Klincksieck, 1989.

5. Cf. J. Derrida, "Différance" (1968), in: J. Derrida, *Margins of Philosophy*, translated by Alan Bass, Chicago, University of Chicago Press, 1982, p. 6.

5. Cf. J. Derrida, "Différance" (1968), en: J. Derrida, *Margins of Philosophy*, Chicago, University of Chicago Press, 1982, p. 6.

6. E. Trías, *Lógica del límite*, Barcelona, Destino, 1991.

7. In architecture: Carles Martí Arís, *Silencios elocuentes*, Barcelona, Edicions UPC, ETSAB, 1999.

7. En arquitectura: Carles Martí Arís, *Silencios elocuentes*, Barcelona, Edicions UPC, ETSAB, 1999.

8. Cf. R. Mortley, *From Word to Silence*, 2 vols., Bonn, Hamstein, 1986.

9. See: G. Galt Harpham, *On the Grotesque. Strategies of Contradiction in Art and Literature*, Princeton-New Jersey, Princeton University Press, 1982, p. 3.

9. Ver: G. Galt Harpham, *On the Grotesque. Strategies of Contradiction in Art and Literature*, Princeton-New Jersey, Princeton University Press, 1982, p. 3.

10. See: W. Beierwaltes, *Identitá e differenza*, Milán, Vita e peusiero,1989, p. 175 ss.

10. Ver: W. Beierwaltes, *Identitá e differenza*, Milán, Vita e pensiero, 1989, p. 175 ss.

11. Jorge Luis Borges, "El laberinto," *Obra poética*, Buenos Aires, Emecé Editores, 1999 (1964), p. 332. Translated by Ronald Christ, 2003.

11. Jorge Luis Borges, "El laberinto," en: *Obra poética*, Buenos Aires, Emecé Editores, 1999 (1964), p. 332. Traducido al inglés por Ronald Christ, 2003.

En este contexto, es preciso comprender el laberinto como encrucijada contemporánea entre una arquitectura racionalista y una genética. El anti-laberinto, el edificio clásico lineal, sin contradicciones, junto con el diseño laberíntico del espacio.[12] Se trata de considerar el laberinto -por citar a Umberto Eco- como una enciclopedia negativa o cacopedia de la arquitectura, donde los principales conceptos culturales se postulan como si fueran guantes invertidos, capaces de mostrar su rostro más singular o diabólico. Un laberinto comprendido como gramática abortiva lo suficientemente capaz de generar el silencio en el interior de una caja negra sin salidas, en una lógica de mundos imposibles, llena de contrastes semánticos.[13] En el sentido que define el escritor italiano, una arquitectura genética sería lo más parecido a un laberinto.

No debe resultar fácil proyectar edificios con el concepto de biomímesis tal y como lo postula Dennis Dollens en su contribución a este volumen. Deberíamos ser más conscientes de los aspectos laberínticos de esta arquitectura biomimética en momentos de crisis de la mímesis del mundo eco-natural. Desde el punto de vista metodológico, debe haber una laguna entre la microescala de una célula vegetal o de los procesos de crecimiento bionatural observados al microscopio, y la macroescala, la escala humana, de un edificio representativo de "arquitectura real". Necesariamente, debe haber un intermediario eficaz entre una micro y una macro escala, un puente cualitativo, una diferencia conceptual. No es sólo una cuestión de tamaños sino que hay un abismo gnoseológico entre la micro y la telescopía o macroscopía.

Entre lo microscópico y lo macroscópico se interpone un eslabón perdido, a caballo entre lo Real-racional y lo Surreal-irracional. Hay un proceso deconstructivo-disolutivo del micro-icono (la imagen de una planta analizada al microscopio) hasta que se hace macro-icono (la imagen de un edificio generado genéticamente). Éste es el eslabón, principal de los elementos analizados en nuestro texto. Me refiero a la iconoclastia como proceso de disolución de las micro-imágenes (ciencias naturales), que apunta a la generación de un edificio arquitectónico genéticamente concebido. En este punto se encuentra la contradicción inherente a un proceso de autorrevelación (desocultación o epifanía) filosófica de un edificio determinado.

uncontradictory, linear building, encountering the contradictory, labyrinthine shape of space.[12] A consideration of labyrinth—alluding to Umberto Eco—as negative encyclopedy or cacopedy of architecture, where the major cultural concepts are delivered as if they were reversed gloves or were able to show a singular and diabolic face. Labyrinth as an abortive grammar that is sufficiently capable of generating silence inside a black box with no exit. In an impossible world's logic, a plenum of semantic contrasts.[13] Genetic Architecture is closer to a labyrinth in the sense defined by the Italian writer.

It is not easy to plan buildings using the concept of biomimesis as postulated by Dennis Dollens in his contribution to this volume. We must be aware of the labyrinthine aspects of this biomimetic architecture at a time when we all experience a crisis in the mimesis of the eco-natural world. There may be a gap, methodologically speaking, between the micro-scale analysis of plant cells and the bionatural processes of growing and building in a macro-scale; that is, in human-scale, which is the so-called "real architecture." Between this *micro-* and *macro*-scale, there must be an intermediate, a qualitative, conceptual bridge.

In this between, we find the missing link connecting micro- with macro-reality, the real-rational and the surreal-irrational. A process of destruction-dissolution of the *micro-icon* (the image of a plant microscopically analysed) gradually induces a *macro-icon* (the image of a genetically generated building); and this intermediate step is the major aspect I want to comment on, referring to iconoclasm as a process of dissolution of micro-images (natural sciences) that points to an architectural genetic building—the contradiction inherent in a philosophical self-disclosure of the building proposed.

Mimesis must create a bridge between the real world and the mental, that is, between object and subject. When Auerbach published his major treatise, *Mimesis*,[14] dealing with Realism in European Literature, he established a link between literary texts and the world (reality presented as it is) in terms of a dialectical confrontation between literary author and analyzed real world. In *Mimesis* Auerbach lays a trap by interposing a preconceived element, such as dialecticism, between literary European texts and ontological reality. In this case, the trap is Realism. He puts conditions on mimesis. In the literary world

12. J. Miernowski, *Le Dieu néant. Théologies Négatives à l'Aube des temps modernes*, Leiden-New York-Köln, Brill, 1998, p. 9-21.
13. Umberto Eco, "Prólogo," Paolo Santarcangeli, *El libro de los laberintos*, Madrid, Siruela, 2002 (1997), p. 13.

1. Northamptonshire, Labyrinth of Boughton. *It is the image of a cosmos that, despite a complex inhabitability, has been projected and ordered by a known mind.* From: H. Matthews, *Mazes and Labyrinths. A General Account of their History and Development*, London, 1922.

Northamptonshire, Laberinto de Boughton. *A pesar de su compleja habitabilidad, es la imagen del cosmos la que, en este tipo de laberinto, ha sido proyectada y ordenada por una mente conocida.* H. Matthews, *Mazes and Labyrinths. A General Account of their History and Development*, London, 1922.

14. E. Auerbach, *Mímesis. La representación de la realidad en la literatura occidental*, Translators, I. Villanueva and E. Ímaz, México, Fondo de Cultura Económica, 1988.
15. On this point, see the concept coined by Karl S. Chu, "The Cone of Inmanenscendence...," http://synworld.t0.or.at/level3/text_archive/the_cone.htm, 8th March 2003.
15. Sobre este particular, ver el concepto acuñado por Karl S. Chu en: "The Cone of Inmanenscendence...", http://synworld.t0.or.at/level3/text_archive/the_cone.htm, 8 de marzo de 2003.

La mímesis debe establecer puentes entre el mundo real y el mental, entre objeto y sujeto. Cuando Auerbach publica su gran tratado *Mímesis,*[14] está trabajando sobre el Realismo en la Literatura europea. Va estableciendo estrechos lazos entre los textos literarios y el mundo (realidad aspectiva, tal cual) en los términos de una confrontación dialéctica entre el autor literario y el mundo real analizado. En esta obra, Auerbach tiende una peligrosa trampa que consiste en interponer un elemento preconcebido, como la dialéctica, entre los textos literarios europeos y la realidad ontológica. En este caso, la trampa se llama Realismo. Pone condiciones a la mímesis. Habrá mímesis siempre y cuando se produzca la dialéctica como condición de existencia de un mundo literario llamado Realismo.

Lo mismo podría ocurrir con la biomímesis. Podríamos preguntarnos por la precondición necesaria para la mímesis entre la micro-escala biomórfica y la macro-escala de la arquitectura genética. La condición podría expresarse literalmente de la siguiente manera: "El comportamiento de los elementos de la micro-escala coincide con el aspecto macro-escalar de los edificios. Y por esta misma razón, existe una arquitectura genética" ¿Estamos seguros de que es posible un proyectar genético, basado en un concepto biomimético? ¿Es posible interponer una iconoclastia entre las ciencias naturales (micro-iconografía) y la lógica de la arquitectura (macro-iconología)? ¿Necesitamos el concepto de "iconoclastia" para comprender la *disolución* de las imágenes como anterior a la *construcción* de las imágenes?

Es posible que definiendo tres conceptos distintos de laberinto podamos comprender la iconoclastia como un instrumento estético-metafísico para captar la viabilidad de la Arquitectura genética como una ciencia sólida a la hora de proyectar edificios reales con una habitabilidad real. El concepto de laberinto más cercano a la ciencia clásica es el univiario (fig. 1). A pesar de su compleja habitabilidad, es la imagen del cosmos la que, en este tipo de laberinto, ha sido proyectada y ordenada por una mente conocida. El laberinto manierista (fig. 2), en cambio, tiene la estructura de un árbol, con una compleja red de ramificaciones, la mayoría de las cuales conduce a un punto de no-retorno. En el laberinto manierista, en teoría, la regla existe porque, siendo tan complejo, tiene un "dentro" y un "fuera".

called Realism there will be mimesis, but with the condition of dialectics' existence.

The same might happen with biomimesis. What is the precondition, we may ask, for a possible mimesis between biomorphic micro-scale and macro-morphic Genetic Architecture? The condition should be literally postulated as follows: *The behavior of the micro-scale elements coincides with the macro-scale aspect of buildings, and consequently we have a Genetic Architecture.* Are we sure that it is possible to design buildings based on a biomimetic concept? Does iconoclasm have any meaning in the space between the natural sciences (micro-iconography) and the logics of architecture (macro-iconology)? Do we need iconoclasm in order to understand the *dissolution of images* prior to a *construction of images*?

Perhaps by stating three different concepts of the labyrinth we may understand iconoclasm as a metaphysic-aesthetic instrument for understanding the viability of Genetic Architecture as a solid science useful in designing real and inhabitable buildings. The concept of labyrinth nearest to classical science is the "univiary" labyrinth (fig. 1), the image of a cosmos that, despite a complex inhabitability, has been projected and ordered by a known mind. The Mannierist labyrinth (fig. 2) has the structure of a tree, with a complex net of ramifications, most of them leading to deadlock. Theoretically, the rule does exist; because the Mannierist labyrinth, being so complex, has an "inside" and an "outside."

The third type of labyrinth is the so-called "rhizome"—or infinite net[15]—where every point of the labyrinth may be connected with the other points, and the succession of connections has no theoretical arrival point (fig. 3). A rhizome may be extended to infinitude. Umberto Eco likes to imagine this rhizome as though it were an unlimited mass of butter, in which we might excavate tunnels with little effort, repeatedly connecting different walls and each time creating different conduits. Eco's concept means that in a rhizome a mistake generates new solutions despite complicating the problem. Ancient rationality tried to simplify the solution of the labyrinth, whereas contemporary wisdom focuses on preserving the complexity of irrationality. Of course, Genetic Architecture is talking about a sort of infinite rhizome.

2. Poitiers (France), Labyrinth of the Cathedral. *Theoretically, the rule does exist; because the Mannierist labyrinth, being so complex, has an "inside" and an "outside."* From: Paolo Santarcangeli, *El libro de los laberintos*, Madrid, Siruela, 2002 (1997), p. 243.

Poitiers (Francia), Laberinto de la Catedral. *El laberinto manierista tiene la estructura de un árbol, con una compleja red de ramificaciones, la mayoria de las cuales conduce a un punto de no-retorno.* Paolo Santarcangeli, *El libro de los laberintos*, Madrid, Siruela, 2002 (1997), p. 243.

3. Dorset (England), Maze of Troy Town. *Ancient rationality tried to simplify the solution to the labyrinth, whereas contemporary wisdom focuses on preserving the complexity of irrationality. Genetic architecture talks about a sort of infinite rhizome.* From: H. Matthews, *Mazes and Labyrinths. A General Account of Their History and Development*, London, 1922.

3. Dorset (Inglaterra), Maze de Troy Town. *El racionalismo del mundo Antiguo intentaba simplificar la solución al laberinto, mientras que la visión de la sabiduría contemporánea se centra en la complejidad de la irracionalidad. Para comprenderla como ciencia, tal vez la arquitectura genética deba postularse como un rizoma complicado hasta el infinito.* H. Matthews, *Mazes and Labyrinths. A General Account of their History and Development*, London, 1922.

16. The pagination accompanying my quotation obviously follows the Berlin Academy Edition: *Kants Werke* (AK). For the *Critique of the Pure Reason* (KrV = «Kritik der reinen Vernunft» (1781; 2ª1787) I use the pagination corresponding to the first two editions of this work. The Berlin Academy edition—as is well known—gives in the margins the pagination of the first editions of this work; in the case of the first *Critique* I add—as usual—the page numbers of the 2ⁿᵈ edition; cf. *Kritik der reinen Vernunft*, in: "Kants Gesammelte Schriften", Die Königlich Preussische Akademie der Wissenschaften (ed.), III-IV, Berlin 1911. I will not translate the Spanish text proposed by Prof. Dr. José Miguel Odero for my paper in order to respect his reading of the German original text.

16. La paginación que acompaña mi citación sigue, obviamente, la edición de la Academia de Berlín: *Kants Werke* (AK). Para la *Crítica de la Razón Pura* (KrV = «Kritik der reinen Vernunft» (1781; 2ª1787)

El tercer tipo de laberinto es el llamado rizoma -o red infinita-,[15] donde cualquier punto del laberinto es conectable con otros, y la sucesión de las conexiones no tiene, en teoría, un punto de llegada (fig. 3). Lo propio de un rizoma es su extensión al infinito. Umberto Eco se imagina este rizoma como si fuera una masa de mantequilla, sin límites, en la que se puede excavar túneles con poco esfuerzo, que conectan constantemente las distintas paredes y que al mismo tiempo van creando los diferentes conductos. Esto significa que en un rizoma un error genera nuevas soluciones, a pesar de ir complicando el problema. El racionalismo del mundo Antiguo intentaba simplificar la solución al laberinto, mientras que la visión de la sabiduría contemporánea se centra en la complejidad de la irracionalidad. Para comprenderla como ciencia, tal vez la arquitectura genética deba postularse como un rizoma complicado hasta el infinito.

Gestos iconoclastas del discurso filosófico contemporáneo

Se trata de exponer cuál es el pensamiento filosófico que se encuentra en el trasfondo de lo que denominamos "Arquitectura genética", arquitectura de los orígenes, que remite a una Maquinaria ideológica contemporánea, puesta en marcha por Kant, continuada por Kierkegaard y Hegel, y "de-construida" por Derrida. Esta coyuntura filosófica aboca al hombre moderno a una fragmentación del conocimiento metafísico, coincidente con la defenestración de la ciencia natural como método científico y con la crisis de la mímesis como aproximación estética al mundo.

Kant[16] se encarga de contraponer la pérdida del prestigio de la metafísica con el estatuto de autoridad disfrutado hasta entonces por la física y la matemática.[17] El filósofo alemán es el visionario de una revolución "copernicana" que habilitará a la metafísica para encontrar su papel junto con las demás ciencias.[18] Para conseguir esto, Kant postula la existencia de una Crítica de la Razón[19] sujeta a un Tribunal Crítico[20] que opera aboliendo cualquier acceso directo al objeto. Por lo tanto, las cuestiones metaqfísicas más cruciales deberán permanecer sin respuesta, al menos en el reino del conocimiento científico.[21] Aquí el racionalismo dogmático va en busca de la comprensión del objeto exclusivamente comprendido a la luz del pensamiento, mientras que los escépticos empiricistas optan por la primacía de los sentidos. Ambas tendencias presuponen un acceso inmediato y

Iconoclastic Gestures of Contemporary Discourse

These gestures are the philosophical thought we detect behind what I term Genetic Architecture, an architecture of origins, that refers to a sort of contemporary ideological machinery, set up by Kant, continued by Kierkegaard and Hegel, and "un-built" by Derrida. The crisis of metaphysical knowledge coincides with the natural sciences and with the crisis of mimesis.

Kant[16] continually contrasts the loss of metaphysic's prestige with the authoritative status enjoyed by mathematics and physics.[17] He envisions a Copernican revolution that will enable metaphysics to find its place alongside the other sciences.[18] In order to do that, he proposes the absolute necessity of our proceeding toward a Critique of Pure Theoretical Reason.[19] In matters of human philosophy, every supposed knowledge must be subjected to a critical trial, before the Tribunal of Pure Reason.[20] But Kant's critical reason asserts that there is no way by which human reason can have access to any reality beyond our mere empirical experience. Therefore, the most important metaphysical questions will remain forever unanswered, at least in the realm of scientific knowledge.[21] Dogmatic rationalists seek to apprehend their object by thought alone, whereas empirical sceptics opt for the primacy of the senses; but both presuppose an immediate and essentially unproblematic access to real things, which would be their objects. In contrast, Kant thinks that we must turn toward the object from the moment in which we represent it to ourselves in our mental constructions. Knowledge is indeed the output of a constructive process.[22]

Reason thus enacts what may be termed the expropriation of the object.[23] The object loses its internal grounds, which are exiled beyond the realm of what can be known; the object ceases to be an assemblage of natural predicates.[24] Kant's philosophy is the first great iconoclastic gesture in philosophy. He is Mendelssohn's "all-destroyer" in every sense of that phrase.[25] For this critical reason, it is not discourse that expresses or represents an object but the object that expresses discourse.[26]

Yet while Kant seeks to abandon the field of polemics altogether by removing the object of dispute, Hegel adopts another strategy. As Hegel sees it, the problem is not the object as such but, rather, the subject: the Absolute Spirit, whose life and

utilizo la paginación correspondiente a las primeras dos ediciones de esta obra. La edición de la Academia de Berlín -como es sabido- ofrece al margen la paginación de las dos primeras ediciones de esta obra; en el caso de la primera *Crítica* añado -como es usual- los números de página de la segunda edición; cf. *Kritik der reinen Vernunft*, en: "Kants Gesammelte Schriften", Die Königlich Preussische Akademie der Wissenschaften (ed.), III-IV, Berlin 1911.
17. Cf. KrV, B X-XIV.
18. «Intentemos, pues, por una vez, si no adelantaremos más en las tareas de la metafísica suponiendo que los objetos deben conformarse a nuestro conocimiento, (...) un conocimiento que pretende establecer algo sobre éstos antes de que nos sean dados» (KrV, B XVI). La idea de este *turning point* emergió when the scientists «entendieron que la razón sólo reconoce lo que ella misma produce según su bosquejo, que la razón tiene que anticiparse con los principios de sus juicios de acuerdo con leyes constantes y que tiene que obligar a la naturaleza a responder a sus preguntas, pero sin dejarse conducir con andaderas, por así decir. De lo contrario, las observaciones fortuitas y realizadas sin un plan previo no van ligadas a ninguna ley necesaria, ley que, de todos modos, la razón busca y necesita» (KrV, B XIII; cfr. B XI-XII y nt. a B XXII). Cfr. G. Martin, *I. Kant. Ontologie und Wissenschaftstheorie*, Berlin 2 1969.
18. «Intentemos, pues, por una vez, si no adelantaremos más en las tareas de la metafísica suponiendo que las objetos deben conformarse a nuestro conocimiento, (...) un conocimiento que pretende establecer algo sobre éstos antes de que nos sean dados» (KrV, B XVI). La idea de este giro conceptual apareció cuando los científicos «entendieron que la razón sólo reconoce lo que ella misma produce según su bosquejo, que la razón tiene que anticiparse con los principios de sus juicios de acuerdo con leyes constantes y que tiene que obligar a la naturaleza a responder a sus preguntas, pero sin dejarse conducir con andaderas, por así decir. De lo contrario, las observaciones fortuitas y realizadas sin un plan previo no van ligadas a ninguna ley necesaria, ley que, de todos modos, la razón busca y necesita» (KrV, B XIII; cfr. B XI-XII y nt. a B XXII). Cfr. G. Martin, *I. Kant. Ontologie und Wissenschaftstheorie*, Berlin 2 1969.
19. KrV, B XXII.
20. KrV, A XI.

esencialmente no-problemático al objeto. Por otra parte, Kant piensa que debemos volvernos hacia el objeto desde el momento en que nos lo representamos en nuestras construcciones mentales. El conocimiento es, por tanto, el producto *ad extra* de un proceso constructivo.[22]

Entonces la Razón ejercita lo que se podría llamar la *expropiación* del objeto.[23] El objeto pierde sus referencias internas, exiliadas definitivamente más allá del reino de lo que puede ser conocido, y deja de pertenecer a la esfera de un montaje predicamental.[24] De este modo, la filosofía de Kant sobreviene el primer gran gesto filosófico iconoclasta. Se convierte en el destructor por excelencia de cualquier sentido de "lo Mendelssohniano".[25] Precisamente por esta "razón crítica", ya no es el discurso el que expresa o representa el objeto, sino el objeto quien va a expresar el discurso.[26]

Conviene especificar que, mientras Kant trata de obviar la polémica desplazando el objeto en discusión, Hegel adopta una estrategia muy distinta. Tal como lo analiza, el problema no es tanto el *objeto* como el *sujeto*: el Espíritu Absoluto, cuya vida y alcance debe ser encontrado en la Historia.[27] Desde el momento en que cada uno reivindica lo suyo sin tener en cuenta "al otro", no hay más opción que forzar un falso posicionamiento que consiste en confesar el vacío de la propia postura filosófica. La clave es que no existe un reconocimiento mútuo entre las partes en confrontación, que aparecen así como "pares de subjetividades confrontados dialécticamente entre sí". En cambio, la tarea más importante de la filosofía debería ser la construcción objetiva de una sabiduría sintética, que debería destacar por sí misma por encima de los puntos de vista individualistas, asumiendo todas las visiones particulares en una superior, un concepto omnicomprehensivo.[28] De esta forma, la crisis de la metafísica se transforma en una sangrante crisis de las ciencias naturales. Por esta razón, y como metodología tradicional para comprender el mundo, postulamos en estas páginas la Arquitectura genética como un conocimiento *mental-categórico* con serias dificultades para un posible diálogo con la arquitectura tradicional.[29]

Las líneas maestras de la lectura derridiana de Hegel son bien conocidas. Hegel representa la culminación de la filosofía, el *telos* (la finalidad) de la metafísica moderna como tal. En otras palabras, lo que había sido sólo expresado de forma

---

21. «La razón humana tiene el destino singular, en uno de sus campos de conocimiento, de hallarse acosada por cuestiones que no puede rechazar por ser planteadas por la misma naturaleza de la razón, pero a las que tampoco pueden responder por sobrepasar todas sus facultades» (KrV, A VII). Cf. También: KrV, A 258, B 314).

22. Cf. KrV A 702-704, B730-732.

achievement is to be found in History.[27] Since each disputant puts forth his claims without view to his opponents, nothing more can be accomplished than to force the false position to confess its emptiness. The key is that there is no mutual recognition among the disputants, who appear only as pairs of subjectivities confronting one another. The more important philosophical task should be instead the objective construction of a synthetic wisdom, which will raise itself above the individualist points of view, assuming all particular views in a superior, all-comprehensive concept.[28] The crisis of metaphysics is thus transformed into an ongoing crisis of the natural sciences. Because of this crisis of the natural sciences as traditional methodology for understanding the natural world, we enter upon Genetic Architecture as a mental-categorical knowledge with its own difficulties for conversing with traditional architecture.

The general outlines of Derrida's reading of Hegel are well known. In his reading, Hegel represents the culmination of philosophy, the *telos* of all Western metaphysics as such; whatever was only imperfectly expressed in other philosophers comes to its complete fruition in Hegel. And Hegel embodies this *telos* because of the role of dialectics in his thought: it is precisely *because* Hegel seeks to take account of reason's Other that he becomes, in Derrida's eyes, the most perfect embodiment of metaphysics. Given that, the question is: How can Derrida stop the dialectical machine from functioning? How can he prevent Hegel from having the last word?

Derrida's undertakes his critique of Hegel, of critique in its metaphysical form, not because of any tender regard for those discourses crushed by the encompassing and imperialistic movement of the Absolute. Quite the contrary. The discourse is to be rejected because it has produced "Derrida," that is, the critical discourse that will supplant it. The very emergence of "Derrida" as a fact testifies to the *de jure* right of "Derrida" to enact an "ex-appropriation" of its model. Hegel's weakness, and the weakness of any metaphysical critique that seeks to appropriate its object, is that by conceiving the Other as the Same it dialectically brings about its own downfall.

Once this downfall is accomplished, deconstruction will always have the last word. Deconstruction is, by definition, demystified; that is, it has the *de jure* right to perform a critique

23. As an eclipse of the object in arts: Cf. J.-C. Marcadé, "K. S. Malévich, du 'Quadrilatère Noir' (1913) au 'Blanc sur blanc' (1917). De l'Éclipse des objets et la libération de l'espace," J. C. Marcadé (dir.) *Cahier Malévitch* N. 1, Lausanne, 1983.
23. Como eclipse del objeto en las artes: Cf. J.-C. Marcadé, "K. S. Malévich, du 'Quadrilatére Noir' (1913) au 'Blanc sur blanc' (1917). De l'éclipse des objets à la libération de l'espace," en: J. C. Marcadé (dir.) *Cahier Malévitch N° 1*, Lausanne, 1983.
24. Robert Koch, "The Critical Gesture in Philosophy," Bruno Latour-Peter Weibel (ed.), *Iconoclash. Beyond the image Wars in Science, Religion and Art*, Karlsruhe (Alemania), Center for Art and Media-Massachusetts Institute of Technology, 2002, p. 527-528.
24. Robert Koch, "The Critical Gesture in Philosophy," en: Bruno Latour-Peter Weibel (ed.), *Iconoclash. Beyond the image Wars in Science, Religion and Art*, Karlsruhe (Germany), Center for Art and Media-Massachusetts Institute of Technology, 2002, p. 527-528.
25. Cf. his critique of "Phädon" (1767) by Moses Mendelssohn, in KrV B413-428).
25. Cf. Su crítica a "Phädon" (1767) por Moses Mendelssohn, en KrV B413-428).
26. On pre-sentation and re-presentation of the objects in art: G. Di Giacomo, *Icona e arte astratta. La questione dell'immagine tra presentazione e rappresentazione*, Palermo, Centro Internazionale Studi di Estetica, Aesthetica Preprint, 1999.
26. Sobre la pre-sentación y la re-presentación de los objetos en el arte: G. Di Giacomo, *Icona e arte astratta. La questione dell'immagine tra presentazione e rappresentazione*, Palermo, Centro Internazionale Studi di Estetica, Aesthetica Preprint, 1999.
27. The kernel of Hegel's philosophy was elucidated in his *Phänomenologie des Geistes* (1807).
27. El meollo de la filosofía de Hegel fue dilucidado en su *Phänomenologie des Geistes* (1807).
28. There are two authorized editions of Hegel's writings: G. .W. Fr. Hegel, *Werke*, H. Glockner (ed.), Stuttgart 1941; *Gesammelte Werke*, Deutsche Forschungsgemeinschaft (ed.), Hamburg 1968.
28. Existen dos ediciones autorizadas de los escritos de Hegel: G. W. Fr. Hegel, *Werke*, H. Glockner (ed.), Stuttgart 1941; *Gesammelte Werke*, Deutsche Forschungsge-meinschaft (ed.), Hamburg 1968.

imperfecta por otros filósofos llega a su culminación con Hegel. Y es él quien abarca este *telos,* por el papel que en su pensameinto ejerce la dialéctica: es precisamente *porque* Hegel busca tener en cuenta la Razón del Otro el motivo por el cual, a los ojos de Derrida, Hegel sobreviene la más perfecta cristalización de la metafísica. Teniendo esto en cuenta, la pregunta es: ¿Cómo va a ser capaz, Jacques Derrida, de detener el funcionamiento de la poderosa maquinaria dialéctica hegeliana? ¿Cómo puede Derrida prevenir la posibilidad de que Hegel tenga la última palabra en este asunto?

La crítica de Derrida a Hegel, o sea, la crítica en su aspecto metafísico, no consistirá en la asunción, por compasión, del hundimiento de un discurso fagocitado por el omniabarcante e imperialista movimiento del Absoluto hegeliano. No se trata de esto sino más bien de lo contrario. Debe rechazarse la dialéctica del Absoluto porque es ésta, precisamente, la que ha *producido* un Derrida, o sea, un discurso filosófico que ha acabado desplazando a la propia dialéctica hegeliana. El hecho de la acuciante emergencia de Derrida da testimonio del derecho *de jure* de Derrida a escenificar una "exapropiación" de su modelo filosófico. El punto débil de Hegel, y también la debilidad de toda crítica metafísica que busca apropiarse de su objeto, es que, al concebir al Otro como a sí mismo, al ritmo de la dialéctica, lo transporta directamente al colapso ontológico: la dialéctica hegeliana tiende una telaraña en la que, finalmente, queda ella misma atrapada. Por ahí el Derrida deconstructivo queda subsumido en su propia deconstrucción, como una pieza más del Absoluto dialéctico hegeliano al que ha criticado reventando su propia dialéctica desde dentro.

Cuando todo esto se ha producido, resulta que la propia deconstrucción tiene la última palabra. La Deconstrucción es *por definición* des-mistificada, es decir, tiene el derecho *de jure* de encabezar la crítica de cualquier objeto, y puede reivindicar esto porque es consciente de que ella misma es la fuente de su propia des-mistificación, es decir, de su propia resistencia a la intervención deconstructiva. Desde el momento en que Derrida ha conceptualizado la filosofía como tarea crítica, ya no puede rendir cuentas ante la dialéctica hegeliana, y entonces se puede afirmar que Derrida extiende la partida de defunción de la crítica filosófica.[30]

Conviene insistir en que, cuando el filósofo asume la

of any object, and it can put forward this claim because it sees itself as the source of the mystification that it finds in its object, which is to say, resistance to the deconstructive intervention.[29] To the extent that "Derrida" has comprehended philosophy as critique, to the extent that he can never render an account of Hegelian dialectics, then we may say that "Derrida" represents the end of critique.[30]

To be sure, the very instant one sets out to examine critical discourse, one becomes entangled in the machinery. The very instant one opens one's mouth to speak, the wheels start turning, and one expropriates, appropiates, and ex-appropriates ad infinitum. The critical machine is built to run this way; it offers the lure of ironic mastery, the pathos of exercising mastery in the name of its refusal.[31] And going even further, Karl S. Chu points out, quoting Levinas, that "attempting to deconstruct metaphysics is more metaphysical than metaphysics itself".[32]

Iconoclasm and Genetic Architectures

We have seen the many contradictions to be found in contemporary philosophy from Kant to Derrida. In my view, there are theoretical justifications for a new concept of architecture, one based on the search for the origins of nature and recently called Genetic Architecture. In the foundations of this digital, biomorfic form for buildings we find a philosophical iconoclasm or mutual destruction of object and subject. We subsequently call that appropriation, expropriation, and ex-apropriation of object by subject, and define the iconoclastic machinery of thought as critique and self-destroying reason. I stated above that after cosmology comes iconography; and after iconography, we expect to find different forthcoming cultural realities, such as architecture, music or metaphysics.

Since Genetic Architecture is a recent approach to building design, there must be a need for connecting it with tradition, because architectural tradition may come to legitimize present architecture. Dealing with object, we need to understand and to manage subject. Buildings are necessary for unbuildings, construction for deconstruction, making icons for unmaking icons, classical mimetic tradition for modern biomimetics.

This is why we are interested in contemporary genetic projects such as *Oculus*, an eco-architecture based on historical

29. Contrary to appearances, "deconstruction" is not an architectural metaphor. See: J. Derrida, "Fifty-Two Aphorisms for a Foreword" and Mark Wigley, "Deconstructivist Architecture," Andreas Papadakis (ed.), *Deconstruction in Architecture*, London, Academy Editions New York, St. Martin's Press, 1988, p. 133.
29. Entiendo la "arquitectura tradicional" en el sentido amplio de arquitectura racionalista del Movimiento moderno como paradigmática de la fosilización de la mímesis en la planificación y construcción edilicias.
30. J. Derrida, "Comment ne pas parler: Dénégations," *Psyché: Inventions d'autre*, Paris, 1987, p. 535-595.
30. J. Derrida, "Comment ne pas parler: Dénégations", en: *Psyché: Inventions d'autre*, Paris, 1987, p. 535-595.
31. Cf. Jacques Derrida, "How to avoid Speaking: Denials," S. Budick-W. Iser (ed.), *Languages of the Unsayable. The Play of Negativity in Literature and Literary Theory*, New York, Columbia University Press, 1989, p. 3-70.
31. Cf. Jacques Derrida, "How to Avoid Speaking: Denials", en: S. Budick-W. Iser (ed.), *Languages of the Unsayable. The Play of Negativity in Literature and Literary Theory*, New York, Columbia University Press, 1989, p. 3-70.
32. Karl S. Chu, "Modal Space. The Virtual Anatomy of Hyperstructures," http://synworld.t0.or.at/level3/text_archive/modal_space.htm, 8th March 2003.

4. Jordan Parnass & Melanie Crean *Oculus* Video Installation In New York's Grand Central Terminal (2002 Nov. 19th -2003 Jan. 1st). *Virtual hole through the station's ceiling. The pulse of light grows to become a large white hole "cut" in the ceiling. through which one sees a bright blue daytime sky.* From: http://oculus.jpda.net.

Jordan Parnass & Melanie Crean *Oculus* Instalación de video en la *Grand Central Terminal* de Nueva York (19 de noviembre de 2002-1 de enero de 2003). *Introduciendo palomas a través de las ventanas, que sobrevuelan una bandera americana en suspensión y que se escapan a través del óculo, la instalación sugiere un ámbito de posibilidades ideológicas en tiempos de incertidumbre política.* http://oculus.jpda.net.

tarea del discurso crítico, acaba atrapado en esa misma maquinaria o *maquinería* dialéctica. Con sólo abrir la boca para hablar, las ruedas dentadas del "cacharro" se activan de forma implacable para generar hasta el infinito las sucesivas operaciones filosóficas que constituyen, sobre la marcha, el sistema de la deconstrucción: expropiación, apropiación y exapropiación. La maquinaria, cacharrería o, simplemente, chatarrería crítica está construida para funcionar así, ofreciendo el cebo de su irónico magisterio y la intensidad patológica de su cátedra peripatética ("enseñanza marchante"), en nombre de su propio rechazo ideológico.[31] No es extraño que especialistas en la materia como Karl S. Chu, citando a Levinas, consideren que "intentar deconstruir la metafísica es más metafísico que la propia metafísica".[32]

Iconoclastia y Arquitectura genética

Para comprender el distanciamiento de la imagen respecto de sus orígenes, era necesario examinar las múltiples contradicciones que plantea la filosofía contemporánea entre Immanuel Kant y Jacques Derrida. Puede haber una justificación teórica para un nuevo concepto de arquitectura, basado en la investigación de los orígenes, recientemente apodado como Arquitectura genética, como vengo diciendo. En los cimientos de este proyectar biomórfico digital es posible encontrar una iconoclastia filosófica o recíproca destrucción entre el Objeto y el Sujeto. Siendo coherente con este discurso, y apoyado en poderosas razones filosóficas, he proyectado esta triple operación *apropiativa*, *expropiativa* y *exapropiativa* sobre un Objeto paciente, a manos de un Sujeto agente. El marco de esta triple operación conceptual es el de una "Cacharrería iconoclasta" de pensamiento, como criticismo automutilante de una Razón autodestructiva. Ya he escrito que, tras una cosmología hay siempre una iconografía. Y después de todo, en evolución, cabe esperar el advenimiento de distintas realidades culturales (estético-filosóficas) como la arquitectura, la música o la metafísica.

Precisamente porque la arquitectura genética es una aproximación reciente al proyectar arquitectónico, es necesaria su conexión con la tradición: la tradición del ayer debe legitimar la actualidad del hoy. Manejar el Objeto debe conducir necesariamente a comprender al Sujeto, a pesar de la crisis de la

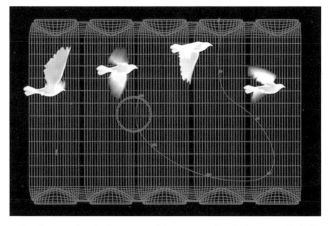

5. *Oculus* Video Installation, 2002-2003. Oculus *allows a collective experience of the expression of thoughts of goodwill, as represented by doves being released and escaping through the newly carved opening into the daylight.* From: http://oculus.jpda.net.

Oculus Instalación de video, 2002-2003. *El espectador puede observar el brillo momentáneo de un astro celeste que vibra, se engrandece y emigra fulgurantemente hacia el centro del óculo como si se tratara de una estrella fugaz.* http://oculus.jpda.net.

reflection on classic Roman architecture and pointing to a digital 3D simulation of biomorphic and anthropomorphic conceptual buildings.[33] *Oculus* is a two-channel video installation, Jordan Parnass created in collaboration with video artist Melanie Crean and commissioned by the non-profit arts organization, Creative Time. The project uses dual computer-controlled video projectors to create a virtual stage set in New York's Grand Central Terminal's renowned sky ceiling above the main concourse. Combining their dual fields of expertise, Parnass & Crean have created an unusual work of public art that references the inspiring architecture of space in making a political statement during a particularly challenging period of New York city's history.

The *Oculus* project was a centerpiece of the seasonal Holiday Lights Show, which ran from November 19th 2002 through the January 1st 2003. The installation engaged the public by proposing a cinematic reconfiguration of the interior architecture of Grand Central Terminal. In cutting a virtual hole through the station's ceiling and offering the public an impossible view of the sky beyond, the piece proposed the power of creativity and overcame apparent physical obstacles (fig. 4). By introducing through the station's windows doves that fly above the suspended American flag and escape through the oculus, the installation suggests a realm of political possibilities, even in uncertain times; it also allows a collective experience of the expression of thoughts of goodwill, as represented by the released doves escaping into the daylight (fig. 5). Grand Central Terminal as theater is located at a critical point of confluence for thousands of people in their travels every day. As they hurriedly go about

33. http://oculus.jpda.net (consulted on 2003 March 3rd)

33. http://oculus.jpda.net, 3 de marzo de 2003.

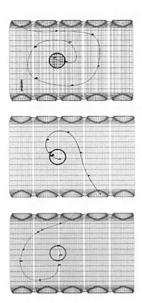

6. *Oculus* Video Installation, 2002-2003. Steadily accelerating progression of doves, each emerging in its turn from a different archway, and then being released into the sky. From: http://oculus.jpda.net.

Oculus Instalación de video, 2002-2003. Una paloma se asoma por una de las ventanas arqueadas al límite del techo. El ave evoluciona en círculos al filo de la bóveda, volando nerviosamente como atrapada y sin libertad, encuentra el óculo y escapa en un crescendo *cromático* hasta desvanecerse en el más allá del cielo azul. http://oculus.jpda.net.

mímesis o del frecuente gesto filosófico iconoclasta que los fractura y los distancia. Las construcciones son necesarias para las deconstrucciones, los edificios para las ruinas, la imaginación para el sueño, la iconodulia para la iconoclastia, y la tradición mimética para la biomímesis posmoderna. Por estas razones me interesa comentar en este artículo, en el ámbito del nuevo proyectar genético, trabajos como el *Oculus*: una ecoarquitectura basada en una reflexión sobre la arquitectura romana clásica, apuntando en la dirección de una simulación en tres dimensiones de edificios conceptuales bioantropomórficos.[33]

Oculus es una instalación de video en dos canales, creada por el arquitecto Jordan Parnass en colaboración con la artista de video Melanie Crean y comisionada por la empresa *Creative Time*. La obra utiliza un sistema dual de proyectores de video para crear una puesta en escena virtual en la conocida bóveda del vestíbulo principal de la *Grand Central Terminal* de Nueva York. Combinando sus respectivas especialidades, Parnass y Crean han generado una obra de arte público poco usual, que hace referencia a la inspiradora arquitectura del espacio, con el objetivo de especular con un mensaje de corte político en un momento particularmente crítico de la historia de la ciudad de Nueva York.

Se trata de reflexionar sobre el potencial de un cielo infinito, contando con el comisionado de una organización artística sin ánimo de lucro como *Creative Time*. El proyecto *Oculus* es una pieza central de la exposición temporal *Holidays Show*, celebrada entre el 19 de noviembre de 2002 y el 1 de enero de 2003. La instalación capta al público proponiendo una reconfiguración fílmica del interior de la arquitectura de la *Grand Central Terminal*. Al practicar un gran agujero virtual a través del techo de la estación y ofrecer al público una visión posibilista del más allá del cielo, la obra lanza una poderosa propuesta de creatividad trascendiendo los aparentes obstáculos físicos (fig. 4). Introduciendo palomas a través de las ventanas, que sobrevuelan una bandera americana en suspensión y que se escapan a través del óculo, la instalación sugiere un ámbito de posibilidades ideológicas en tiempos de incertidumbre política.

Oculus excava un ojo virtual en el techo del edificio haciendo vislumbrar al espectador un más allá del cielo, y permitiendo una experiencia colectiva de la expresión de

their business, their gaze is often drawn upward to look at the beautiful architecture and ornament of the ceiling, and to receive some respite from their hectic schedules.

The vaulted ceiling represents a collective repository of the hopes, dreams, and aspirations of these diverse crowds, hailing from countries all over the world. It is a story of hope. The *Oculus* narrative is grounded in the individual points of light that together make the sky ceiling so vibrant. The viewer will see one of the ceiling's stars begin to pulse and enlarge, and then streak towards the center of the ceiling as a shooting star. The pulse of light grows to become a large white hole "cut" in the ceiling, through which one sees a bright blue, daytime sky. Looking through the oculus, one perceives the slow movement of clouds, effecting the simple but powerful use of architectural perforation, which has served to represent the infinite at least since the time of the Roman Pantheon.[34]

A dove emerges from one of the arched windows at the edge of the ceiling. The bird circles the edge of the ceiling, flying nervously about as if trapped and confined, until it triumphantly finds the portal and escapes—growing ever smaller as it fades into the blue sky above. (Fig. 6) This one dove is followed by a steadily accelerating progression of doves, each emerging in its turn from a different archway, and then by flocks of four or five birds at a time that streak across the sky toward the oculus, in a flurry of collective release. The last flock to escape is accompanied by a prolonged musical tone, signaling the movement's climax. The oculus then contracts into a bright point of light, which pulses and fades away.

Digital animation with an architectural focus. Making extensive use of 3D and 2D computer animation software, all the visual elements of the project, including the birds, were created with advanced digital technology. Customized software was used to assign multiple behaviors and characteristics to the individual doves, allowing for an uncanny naturalism in their motion and appearance. The installation actively engages specific architectural features of the ceiling, including the arched windows and barrel-vault ceiling, and it highlights the existing tapestry of illuminated stars and illustrated constellations (fig. 7). Activating the entire ceiling, *Oculus* suggests an alternative reading of the roof of New York's grandest public space.

7. *Oculus* Video Installation, 2002-2003. *The vaulted ceiling represents a collective repository of the hopes, dreams, and aspirations of these diverse crowds, hailing from countries all over the world. A dove emerges from one of the arched windows at the edge of the ceiling.* From: http://oculus.jpda.net.

Oculus Instalación de video, 2002-2003. *Haciendo uso extensivo de programas informáticos de animación en dos y tres dimensiones, todos los elementos visuales del proyecto, incluyendo los pájaros, han sido creados utilizando tecnología digital avanzada.* http://oculus.jpda.net.

34. We can find important parallels in the work of Gordon Matta Clark's *Conical Intersect* (1975) for the Paris Biennale, where his cut into two 17th-century townhouses took the form of a great twisting cone. From the massive opening, 4 metres in diameter, which was cut through the north wall and whose center reached the height of the fourth floor, the cone spiralled back in space through walls, doors and finally through the roof of the adjoining house, as it diminished. This work presented a constantly changing, silent son-et-lumière, as Matta-Clark called it ("Interview with Matta-Clark" in *Matta-Clark*, (exhib. cat.), International Cultureel Centrum, Antwerp, September 1977, p.12), with light pouring in through the hole at the top. The axis of the cone was angled at roughly 45 degrees to the street below, a main thoroughfare of Paris, affording thousands of passers-by glimpses through the work of the Pompidou Center beyond, a rising monument to high-tech and French culture. From within, the hole functioned almost as a periscope, the view directed downward to the activity in the street. See also: Lisa Lefeuvre, "The W-hole Story," *Art Monthly*, April 2002, No. 255, p. 12-15. Thanks to Thomas Gerard Keogh for these references.

pensamientos de solidaridad. Esto se consigue al liberar palomas que sobrevuelan el aire en una escapada a través del nuevo óculo virtualmente excavado (fig. 5). La *Grand Central Terminal* está situada en el punto de confluencia de miles de personas que viajan a diario. Como conteniendo el ajetreo y la prisa, a su paso por la estación, es fácil que muchos de los transeúntes suelten la mirada para contemplar la belleza arquitectónica y ornamental de sus techos.

La bóveda quiere representar el remanso de esperanzas, sueños y aspiraciones de una variada multitud, como llovida del cielo, procedente de países del mundo entero. Se trata de una poética en torno a la esperanza. La retórica visual del *Oculus* se relaciona compositivamente con los puntos individuales de luz que transmiten al cielo del techo una sensación de vibración. En esta instalación el espectador puede observar el brillo momentáneo de un astro celeste que vibra, se engrandece y emigra fulgurantemente hacia el centro del óculo como si se tratara de una estrella fugaz. La pulsión de luz crece hasta transformarse en un gran orificio blanco, a través del que se ve el azul brillante de un día despejado. Mirando a través del óculo se percibe el lento movimiento de las nubes, escenificando una perforación arquitectónica lo suficientemente eficaz como para representar un infinito desconocido para el espectador desde los tiempos del Panteón romano.[34]

Una paloma se asoma por una de las ventanas arqueadas al límite del techo. El ave evoluciona en círculos al filo de la bóveda, volando nerviosamente como atrapada y sin libertad, encuentra el óculo y escapa en un *crescendo* cromático hasta desvanecerse en el más allá del cielo azul. A continuación se produce una equilibrada progresión de otras palomas, cada una apareciendo por una arcada distinta y en progresiva liberación hacia el cielo (fig. 6). Tras haber alcanzado el ritmo y la imprescindible sensación de multitud, se agrupan en bandadas de cuatro o cinco, que cortan el aire hacia el óculo, produciendo la sensación de ráfagas de liberación colectiva. El movimiento de la última bandada de aves se acompaña de un tono musical sostenido, señalando el clímax de la acción. Entonces el óculo se contrae concentrándose en un solo punto de luz, que parpadea y finalmente se desvanece.

Una animación digital con propósitos arquitectónicos. Haciendo uso extensivo de programas informáticos de animación

[34]. Se pueden encontrar importantes paralelismos en la obra de Gordon Matta-Clark *Conical Intersect* (1975) para la Bienal de Paris, donde su perforación de dos caserones del siglo XVII tomó la forma de un cono rotativo. Sobre este tema, ver: "Interview with Matta-Clark" en *Matta-Clark*, (cat. exp.), International Cultureel Centrum, Ambers, septiembre 1977, p.12, Ver también: Lisa Lefeuvre, "The W-hole Story", *Art Monthly*, April 2002, No 255, p. 12-15. Mi agradecimiento a Thomas Gerard Keogh por estas referencias.

We should compare Parnass & Crean's digital video animation of the oculus—intended as a genetic emulation of architecture—with the *real* oculus of the Pantheon set up by the Roman consul Agrippa in the first century A.D. (Fig. 8). New York digital architect Jordan Parnass and video artist Melanie Crean are using—perhaps unconciously—the contemporary aesthetic and metaphysic machinery[35] of iconoclasm in order to appropriate an object like the Roman oculus from a contemporary digital-genetic subjectivity. There is also, in the process of this architectural rhetoric of the image, a subsequent expropriation of the object "oculus" through a detachment of the object performed by the subject (artist), as though the Roman oculus had nothing to do with New York's Grand Central Terminal, the reality most alien to a Roman temple. And, at the end of the process, another ex-apropriation leading to a perilous political reflection on the United States of America.

How have we been able to create this kind of objectual manipulation of an apparently innocent architectural icon such the Agrippan oculus of the Roman Pantheon? By a real iconoclastic process of construction, dissolution, and deconstruction of this icon in order to build a new architectural eco-reality far beyond the "real architectural Roman great Eye (*oculus*)." An archeological icon transports contemporary passengers traversing New York's Grand Central Terminal into a biomimetic iconoclasm, consisting of a digital animation with an architectural focus that concentrates upon an absence of space and time. And this icon may architecturally challenge our recent ways of projecting, by using iconoclastic technology in order to turn bad times into good architectural dreams. A sophism that is certantly difficult to resolve.

8. Pantheon of Agrippa, *interior*. Year 27 B.C. Rebuilt in 1st century A.D., Rome.

Panteón de Agripa, *interior*. Año 27 a. JC. Reconstruido en el siglo I d. JC., Roma. *El artista ha arrancado violentamente el óculo romano de un espacio y un tiempo sagrados y lo ha instalado, por expropiación electrónica-digital, en una caja de zapatos adonde llega la masa viajera, anónima y sin rumbo.*

35. On this point, see the concept of Universal Turing Machine (UTM) as displayed by Karl Chu in: "The Turing Dimension"
Sobre esta cuestión, ver el concepto de Universal Turing Machine (UTM) como expone Karl S. Chu en: (http://synworld.t0.or.at/level3/text_archive/the_turing.htm) on 8th March 2003.

en dos y tres dimensiones, todos los elementos visuales del proyecto, incluyendo los pájaros, han sido creados utilizando tecnología digital avanzada. Un programa a medida es utilizado para asignar a cada paloma su comportamiento y características individuales permitiendo hacer uso de un fresco naturalismo en su aspecto y movimiento. La instalación incorpora diseños arquitectónicos específicos para el techo, incluyendo las ventanas arqueadas y la bóveda de cañón, y subrayando las estrellas iluminadas que tapizan la bóveda, así como la representación pictórica de las distintas constelaciones (fig. 7). Con esta actuación sobre el conjunto del techo, *Oculus* sugiere una lectura alternativa de la cubierta de uno de los mayores espacios públicos de la ciudad de Nueva York.

Es preciso comparar esta emocionada animación digital -propuesta como emulación genética de una arquitectura- del *Oculus* de Parnass & Crean, con el óculo *real* del Panteón romano construido por el cónsul romano Agripa en el siglo primero de la era cristiana (fig. 8). El arquitecto neoyorkino Jordan Parnass y la video-artista Melanie Crean están utilizando, tal vez inconscientemente, la maquinaria estética y metafísica[35] contemporánea de la iconoclastia para apropiarse de un objeto como el óculo romano desde una subjetividad contemporánea genética-digital. También se encuentra, en este proceso de arquitectura retórica de la imagen, una consiguiente expropiación del objeto "óculo" a través de un deliberado distanciamiento por parte del sujeto (el artista), como si el óculo romano nada tuviera que ver con la *Grand Central Terminal* de Nueva York: efectivamente, lo menos parecido a un templo romano. El artista ha arrancado violentamente el óculo romano de un espacio y un tiempo sagrados y lo ha instalado, por expropiación electrónica-digital, en una caja de zapatos adonde llegan trenes y gentes -la masa anónima, el magma sin rostro- corriendo tras no se sabe qué y dirigiéndose a no se sabe dónde. Y, al final del proceso, otra expropiación que conduce a una peligrosa reflexión política sobre los Estados Unidos de América.

¿Cómo es posible haber creado esta especie de manipulación objetual de un aparentemente inocente icono arquitectónico como el óculo agripino del gran Panteón romano? A través de un auténtico proceso de construcción, disolución y deconstrucción de este icono, para construir una nueva eco-

realidad arquitectónica distanciada del "Gran ojo (*oculus*) arquitectónico romano". Un icono arqueológico que transporta a los pasajeros contemporáneos de la *Grand Central Terminal* neoyorkina en dirección a una iconoclastia biomimética que consiste en una animación digital de inspiración arquitectónica, cuyo mensaje se concentra en la ausencia del espacio y del tiempo. Tal vez deba ser éste el gran reto arquitectónico para nuestro reciente modo de proyectar: utilizar tecnología iconoclasta para convertir los malos tiempos en agradables sueños arquitectónicos. Un sofisma, por cierto, difícil de resolver.

Translated by Alfons Puigarnau

Alfons Puigarnau, Mphil (1994) and PhD (1999), is the Assistant Director of ESARQ-UIC in Barcelona where he is supervising a doctoral thesis dealing with the influence of Charles Darwin's evolutionism on abstraction in art of the 20th Century. As an adjunct professor at ESARQ, he conducts research and delivers lectures in the fields of aesthetics and theory of art. Formerly an associate professor at the Faculty of Humanities at the Universitat Pompeu Fabra (Barcelona, 1994-2001), he has published three books and over thirty specialized articles in these fields. He is currently a reader at The Warburg Institute at the University of London (1994-2003). He is presently at work on three books: *Eleven Recent Icons of Aesthetic Taste* (Barcelona), *Blanco sobre Blanco* (Barcelona), and *Negócio e Espírito* (Saõ Paulo).

Alfons Puigarnau, Licenciado con grado en Historia del Arte (1994) y Doctor en Filosofía (1999), es Subdirector de la ESARQ-UIC en Barcelona, donde dirige investigaciones acerca de la influencia del evolucionismo de Charles Darwin sobre la abstracción en el arte del siglo XX. Como Profesor Adjunto de ESARQ, su investigación y docencia se desarrollan en Estética y Teoría del Arte. Profesor Asociado de la Universitat Pompeu Fabra entre 1994 y 2001, ha publicado tres libros y cerca de treinta artículos de especialidad. Visitante habitual del Instituto Warburg de la Universidad de Londres (1994-2003), actualmente trabaja en la publicación de tres libros: *Eleven Recent Icons of Aesthetic Taste* (Barcelona), *Blanco sobre Blanco* (Barcelona) y *Negócio e Espírito* (Saõ Paulo).

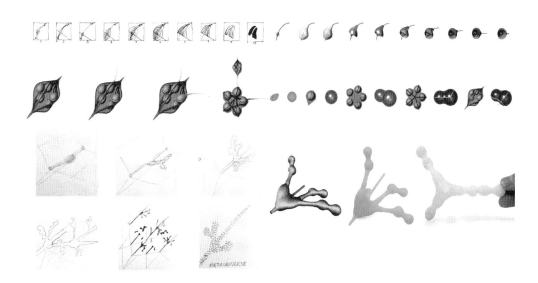
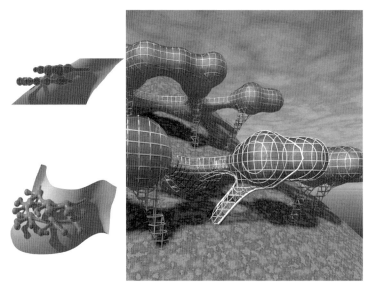

Genetic Architectures Master Program, 2003
Ernesto Bueno
Pear lexicon. Rhino & FormZ
drawings & Thermojet models

Máster de Arquitecturas Genéticas, 2003
Ernesto Bueno
Lexicón originado por una pera. Dibujos en Rhino,
FormZ y maquetas generadas con Thermojet

Genetic Architecture / Arquitecturas genéticas

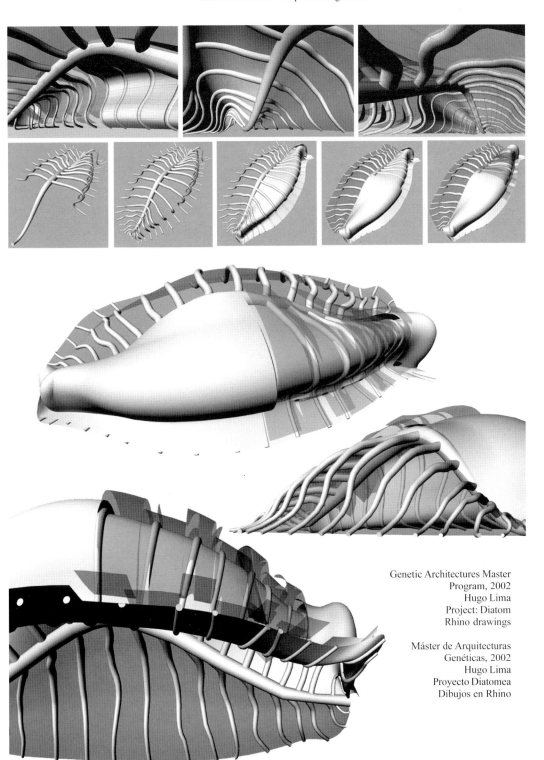

Genetic Architectures Master
Program, 2002
Hugo Lima
Project: Diatom
Rhino drawings

Máster de Arquitecturas
Genéticas, 2002
Hugo Lima
Proyecto Diatomea
Dibujos en Rhino

Ecología y construcción,
o cómo la tecnología puede transformar nuestra imaginación
Ignasi Pérez Arnal

Aprender

Nueva economía, sociedad digital, generación de nuevos productos, presión ambiental, globalización, sostenibilidad... Debemos tener en cuenta que de forma repentina nos encontramos ante un aluvión, tendente a desbordar, de requisitos para el futuro arquitecto y la profesión.

Ante esta situación, ¿cuál es el papel de un departamento de ecología de nueva creación en una escuela de arquitectura? Principalmente, crear un ecosistema entre todas las áreas de la escuela como si de un bioma se tratara, intentando interrelacionar todos los conocimientos para desarrollar, a través del aprendizaje, la capacidad de discernir el posicionamiento de un profesional *in process* delante de las inquietudes derivadas del hecho ecológico.

De alguna manera, se trata de enseñar a aprender a convivir con estas necesidades o mejor que convivir, a enraizar una actitud propia hacia o frente el medio ambiente, hasta conseguir un arquitecto nacido de forma *natural*.

También, poner los alumnos ante diferentes contextos y situaciones permite estimular el pensamiento creativo. En el Área de Ecología y Arquitectura, estrechamente vinculada con el Área de Construcción e Instalaciones y el Área de Cooperación –por necesidad, y por vínculos y afinidades personales– la tecnología es usada como medio y como fin. Se aportan herramientas de prototipado rápido, de control numérico, software paramétrico, programas de superfícies complejas o NURBS, localización de información a través de Internet, estudio climático de emplazamientos de forma remota, etc. En un mundo en el que todo el entorno se encuentra en un proceso de cambio contínuo, el valor radica en el conocimiento. Y lo importante ya no será aprender un código, sino querer y saberlo interpretar ahora. (Fig.1)

El arquitecto responsable

La figura del arquitecto se vé contínuamente torpedeada por el nivel y volúmen de responsabilidades que absorbe o en que se implica. Si hablamos desde una perspectiva medioambiental, la

Ecology and Construction
or How Technology Can Transform Our Imagination
Ignasi Pérez Arnal

Learning

The new economy, digital society, innovative generation of products, environmental pressure, globalization, sustainability—we must realize, and immediately, that we confront a river, close to flooding, of demands on the future architect and his discipline.

Facing this situation, we asked ourselves what is the role of a recently created department of ecology within a school of architecture? Primarily, to create an ecosystem, as though the school were a biome, among all the school's fields of study, aiming to interrelate all the sections and spheres of knowledge in order to identify the position of a *professional in process*—the student—encountering the worries stemming from ecological facts.

Somehow, we have to teach these student-professionals how to learn to coexist with such facts or, even better, how to root their attitude to the environment within these facts, so that we may achieve an architect who is formed *naturally—from* as well as *by* nature.

Exposing students to different contexts and situations in order to stimulate their creative thinking. Working closely with the Department of Construction and Services and the Department of Cooperation, from necessity as well as for reasons of personal connections and affinities, the Department of Ecology and Architecture makes use of technology as both medium and

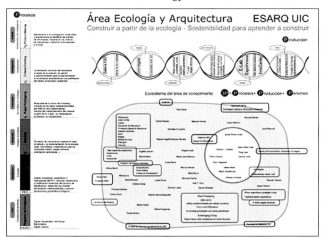

1. Learning is a process, experimenting is the method, which is what this bacteria-like diagram intends to show. Kazuyo Nishida, designer. Out of nineteen schools of architecture in Spain, ESARQ UIC is the only one officially approved to offer ecology as a required credit in each year of study. This requirement demonstrates ESARQ's goal of developing the students' understanding, in theory and in practice, of the environment, ecology, sustainability, and bioclimatism throughout their course of study.

Aprender es un proceso, experimentar es el método. Kazuyo Nishida, creadora de la imagen gráfica. Este concepto es el que quiere mostrar este diagrama en forma de bacteria con el programa académico del Área de Ecología y Arquitectura. ESARQ UIC es la única escuela de arquitectura de España que contempla en su programa académico créditos troncales de Ecología en cada curso. Este hecho la distingue por su voluntad de mejorar el conocimiento y la práctica sobre el entorno, la sostenibilidad y el bioclimatismo a lo largo de toda la carrera.

2. Speaking in architectural terms, whenever it comes to construction a cohesive material must be employed, a material that binds the different parts together. Intelligence is demonstrated when an alternative method, rather than a material, is employed to achieve adherence: here, the interweaving of small strips assures the structures's stability, solely by the strips' placement. Jorge Jover at AHEC Woodshop/Workshop at ESARQ UIC, 1999. Courtesy of Carlos Kasner.

Hablando en términos arquitectónicos, siempre que se construye es necesario un aglomerante, un material que fije las distintas partes utilizadas. La inteligencia aparece cuando se utilizan métodos para tejer pequeñas tiras de madera que solamente por su disposición aseguran la estabilidad final de su construcción. Jorge Jover, Taller Woodshop realizado en colaboración con el American Hardwood Export Council, ESARQ UIC, 1999. Cortesía de Carlos Kasner.

1. La traslación del mundo formal al entorno digital está creando la aparición de propuestas interesantes. Y sin ir más lejos, Internet recoge algunos entornos que, diría, no han necesitado ni de arquitectos para generarlos, pero que, sin embargo, todos hubiéramos deseado proyectarlos (http://www.eboy.com/pages/works/ecity/ecity_index.html), la creación de ciudades mediante iconos (http://www.icontown.de/) o incluso aquellos donde la ciudad es superada por un territorio informacional que podría surgir de la acumulación de escritos y documentos http://www.cartia.com/ y http://demo.cartia.com/technews/map1024.html.

palabra responsabilidad aún se erige con más fuerza. Es por ello que los ejercicios planteados tienen siempre un sello de profesionalidad y diligencia, actitudes que les serán de "obligado cumplimiento".

De la ecología al medio ambiente y del medio ambiente a la sostenibilidad

Tal como se entrevé en el diagrama anterior, que no deja de formalizar el ecosistema de esta área de conocimiento dentro de la ESARQ UIC, se parte del material de construcción como código genético. Los alumnos deben tener la capacidad de manipular esa encriptación según sean las condiciones de entorno y, mediante datos y referencias crean un proyecto. Se trata de un *case-study* ambiental[1] que adoba el terreno para labrar e insertar teorías y aportaciones de invitados y contactar con la realidad del sector de la arquitectura y la construcción. (Fig. 2)

Las nuevas demandas sociales y técnicas obligan a la creación de nuevos productos y procesos en el campo de la arquitectura, pero también en el del urbanismo o interiorismo. Los cursos se centran en el estudio del uso de criterios medioambientales que en estos momentos están generando un debate profundo sobre lo que es ecológico y lo que no lo es. Contraponiendo dos conceptos antagónicos –idéntico y diferente–, pero complementarios, se quiere aprehender una nueva arquitectura creada a partir de un objeto o de un espacio a partir de preceptos ecológicos. El resultado final puede parecer idéntico a otra solución concebida a partir de criterios tradicionales, pero en realidad son completamente diferentes. Idénticamente diferentes.

La proyección de espacios arquitectónicos desde el mundo de las formas provenientes de la naturaleza abre nuevas posibilidades al trabajo del arquitecto. Ecología, matemáticas y bioingeniería pasan a ser elementos científicos, sobre los cuales se deben desarrollar nuevas arquitecturas. (Fig. 3)

Lo más difícil es, no obstante, materializarlas. Por ello, las ideas concebidas se transforman, tan pronto como sea posible, en maquetas físicas mediante alta tecnología, en este caso utilizando herramientas de prototipado rápido, generalmente usadas en el sector automovilístico o aeroespacial, ya que son imposibles de generar con los medios habituales de modelado. Generar formas y visualizarlas en un momento previo es

content itself: rapid prototyping tools, CNC, visualization and parametric software, NURBS enabled software (for designing and controlling complex surfaces), Internet research, remote devices for climatic studies of selected project sites, etc. In a world where everything is constantly changing, value, high value, arises from knowledge. And what matters is not learning the code, but wanting and knowing how to translate it.

The Responsible Architect

The architect is continously bombarded with a high level and volume of responsibilities, which he absorbs or that implicate him. From an environmental point of view, *responsibility* grows increasingly in significance, which is why the proposed exercises must have a stamp of diligent professionalism, an attitude binding on them.

From Ecology to Environment / Environment to Sustainability

As can be seen in the diagram (Fig. 1) the field of Ecology and Architecture is shaped as an ecosystem within ESARQ UIC and based on a conception of building materials as genetic codes. Students must be able to manipulate this underlying encryption according to a site's conditions and then, using data and references, to create a project that will be an environmental case-study providing for preparation of the land to be worked, determination of applicable theories, balancing of contributions from collaborators, and evaluating how the project comes into contact with the zone's architecture.[1] (Fig. 2)

New social and technical demands require the creation of new services and processes in architecture as well as in urban planning and interior design. The UIC courses focus on ecocriteria that are currently generating a profound debate about what is ecological and what is not. Counterpoising two antagonistic concepts—identical yet different and complementary—and starting from an object or a space means demonstrating a new architecture based on ecological precepts. The final result may seem identical to some other solution based on traditional criteria but, really, they are absolutely contrary. Identically different.

Architectural spaces projected from the world of nature open new working possibilities: ecology, mathematics, and bioengineering become scientific elements upon which alternative architectures can be developed.(Fig. 3) Nevertheless, the most

3. Always closely related to the terrain, masterplans also contain a portion of the environment's image in themselves, which is the principle behind the way that Actar Arquitectura has been developing its planning projects. Their visualizations, accomplished in color, and their fluid shapes attempt to produce this perception when the plans are examined. Valencia Scanning, a regional masterplan for a future housing-in-a-landscape scenario. Actar Arquitectura (Manuel Gausa, Oleguer Gelpí, Ignasi Pérez Arnal, Flo Raveau and Marc Aureli Santos), 2002.

Extremadamente ligados al territorio, los masterplans también poseen parte de esa imagen del entorno en sí mismos. Ésta es la manera en que Actar Arquitectura ha estado desarrollando sus proyectos de planificación urbana. Su visualización colorista y sus formas fluidas intentan producir esta percepción cuando sus planos son examinados. Valencia Scanning, masterplan estratégico para el desarrollo de un plan de vivienda neorural para la región. Actar Arquitectura (Manuel Gausa, Oleguer Gelpí, Ignasi Pérez Arnal, Flo Raveau y Marc Aureli Santos), 2002.

1. The translation from the real world to the digital environment is creating interesting proposals. The Internet collects some environments that were not created by architects but that any one of us writings desire to project (http://www.eboy.com/pages/works/ecity/ecity_index.html), such as the creation of cities using icons (http://www.icontown.de/) or even projections that create an environment, more than a city, that is owned by an informational territory that may appear with the acumulation of writtings and documents http://www.cartia.com/ and http://demo.cartia.com/technews/map1024.html.

imprescindible para su comprobación. Este salto constante, adelante y atrás, entre lo digital y lo analógico es lo que se ha conseguido con la incorporación de Dennis Dollens. La actividad se centra en el diseño electrónico y conceptual de las variables espaciales y medioambientales que conciernen la arquitectura y el paisaje.

Digitalizar puede llegar a significar construir
El máster de Arquitecturas Genéticas es en sí mismo un experimento para evaluar el entorno como una información contemporánea e histórica dentro de un contexto digital. Su objetivo es el de revelar la información como un nuevo medio gráfico que permite crear nuevas interpretaciones de uso en el espacio físico y en el espacio digital. La estrategia de taller se basa en el examen consciente y constante del legado contemporáneo, tanto escrito como gráfico, que no tiene tanto un desarrollo lineal sino que se transforma en un movimiento cíclico que va y vuelve hacia sistemas previos y sistemas por incorporar.

Tomando ideas del siglo XIX para crear un nuevo siglo XXI
Tal como muy bien describe Dennis Dollens en este libro nuestra tarea es experimentar sobre la introducción rápida de un *software* (Rhino) en un aula, donde debe usarse de inmediato para desarrollar gráficamente ideas imaginadas. Cada paso en este ejercicio conceptual se realiza utilizando exprofeso curvas complejas y superficies sofisticadas –conocidas con el nombre de NURBS (Splines de tipo B no Uniformes)–. Rhinoceros tiene la habilidad de crear superficies complejas, estructuras irregulares, pieles y, en general, formas imposibles de crear con otros sistemas de visualización digital.

La escuela es en sí un experimento
Dentro de este marco, se puso a prueba el desarrollo de un *e-Studio* (taller compartido mediante tecnologías de información) entre las ciudades de Barcelona (España), Gainesville (Florida, EUA) y Vicenza (Italia). De forma simultánea a las lecciones habituales en la ESARQ UIC, ha germinado un experimento informal pero de grandes consecuencias con la School of Architecture de la University of Florida. Este *e-Studio* entre tresciudades y dos continentes fue dirigido conjuntamente desde Barcelona y Gainesville, y los trabajos expuestos reflejan esta aproximación dual.

difficult part is materializing these architectures. Consequently, the mentally conceived forms are transformed into physical models by means of high technology—in this case by rapid prototyping machines, normally used in the automobile and aerospace sectors—because it would be impossible to generate these architectures with our customary modeling tools. To check physical forms it is first necessary to visualize and generate them. This constant jumping backward and forward between the digital and the analogical is what Dennis Dollens has achieved in the UIC program. His activity is focused on the conceptual terms and the electronic design for working with different spatial and environmental issues that are important to architecture and landscaping. (Fig. 4)

Digitalizing Becomes Constructing

The master's degree in Genetic Architectures is an experiment in evaluating the environment as contemporary and historic information within a digital context. Its objective is to present graphic information as a new means for interpreting space in both solid and virtual worlds. The strategy of the program's workshops is based on the self-concious and constant examination of the contemporary heritage, written as well as graphic, which did not develop linearly but, rather, transformed itself in a cyclical movement that approaches and distances itself from previous systems.

Taking Ideas from the 19th Century to Build the 21st Century

As Dennis Dollens explains, our task at UIC is an experiment in rapidly introducing a specialize software, Rhinoceros, into a class where it must immediately be used to promote imagined ideas graphically. Every aspect of this experiment, whether conceptually or actually, involves the express use of sophisticated surfaces and complex curves—known as NURBS (non-uniform rational B Splines). Rhinoceros has the ability to create irregular, complex-curving surfaces, structures, skins and, in general, shapes that are difficult or impossible in many other systems of digital visualization. (Fig. 5)

Imagining

This development from the learning process to the achievement of new architectonic shapes requires a consciousness of form, but it has always been difficult for a developmental process to be internalized. The Theory of Evolution—in this case, architectural

4. The proposal of innovative products should be an integral process in the academic program. Here, an elastomeric netting has been engineered in order to achieve and control an architectural structure whose volume is changeable. First of all, however, the idea must arise in our mind, and that mental process is what ESARQ's Ecology and Architecture Department stimulates and nourishes. Student project for a flexible entrance to Galería H$_2$0, Barcelona, 2002.

Proponer productos innovadores debe ser un proceso inscrito en el mismo desarrollo del programa académico. Una malla elastómera es, en este caso, desarrollada para conseguir y controlar una arquitectura de volúmen cambiante. Pero, ante todo, es la idea la que aparece en nuestra mente, y éste es el proceso de creación alimentado por el Área de Ecología y Arquitectura de la Escuela Superior de Arquitectura de Barcelona. Proyecto de una entrada flexible en el mismo edificio de la Galería H$_2$O. Barcelona, 2002.

Acción global, exposición local, resultados glocales

Desde sus inicios, el programa de máster ha incorporado la idea de exponer públicamente la información producida por el taller experimental. Con el objetivo de mixturar los aspectos del aprendizaje y de la enseñanza en un entorno marcado por las diferentes capas aditivas de la arquitectura, la ecología y las nuevas tecnologías. Una exposición abierta al público se realiza anualmente bajo los auspicios de la Galería H$_2$O emplazada en un antiguo distrito de la ciudad de Barcelona. El espacio expositivo no sólo ha provisto un lugar público para mostrar las obras, sino que la calle misma, el edificio y el jardín detrás de la galería han sido espacios utilizados para proyectar las formas arquitectónicas o ambientales mediante una visualización digital (fig. 4) y, finalmente, transformadas en un nuevo espacio construido de nuevo a través de maquetas manuales de parafina y mecanizadas con ceras polimerizadas. (Fig. 5)

Imaginar

Esta evolución desde el proceso de aprendizaje hasta la consecución de unas nuevas formas arquitectónicas obliga a una conciencia sobre la forma. Pero siempre ha sido difícil internalizar un proceso de evolución en cualquier entidad. La Teoría de la Evolución, en este caso la evolución arquitectónica, explica el origen y la transformación de los seres vivos como producto de dos principios fundamentales: la selección natural y el azar. La selección natural regula la variabilidad de los genes: toda la variedad que observamos en la naturaleza viviente se basa en la capacidad de los seres vivos de producir copias de sí mismos, en que el proceso de reproducción actualiza muchas variantes, y en que, en la interacción con el ambiente, algunas de ellas son seleccionadas para sobrevivir y producir las copias subsiguientes.

Desde la investigación que estamos desarrollando en la escuela, creemos que la arquitectura ha tenido un origen y una transformación que de alguna manera ha recorrido el mismo camino que la Teoría de la Evolución. Los edificios no dejan de ser copias de sí mismos, cualquiera lo puede observar, y un campo de mejora se abre si los hacemos interactuar con el entorno, si investigamos estas nuevas relaciones.

Para ello debemos conocer qué significa evolución y

evolution—explains the origin and transformation of life systems as the product of two fundamental principles: natural selection and chance. Natural selection regulates the variability of genes: the variety we observe in nature is based on the ability of living things to copy themselves in a reproductive process in which many variants are updated. In their interaction with the environment, some of these variants are selected to survive and produce subsequent copies.

In the work we are developing at UIC, architecture has had an origin and a transformation that tracks a pathway similar to that described by the Theory of Evolution. To date, traditional buildings have historic references—anyone can easily observe that—, so a process of improvement is introduced if we cause buildings to interact with their surroundings and if we investigate these updated relations.

Consequently, we ought to know what words such as *investigation/research* mean and thus be sure about which goals to pursue.

5. In former times, architects were able to construct large scenarios or maquettes at a 1:1 scale in order to convince their patrons of the design's appropriateness. Rapid prototyping can instantaneously produce maquettes at a reduced scale so that the project's shape, proportion, dimension, etc. may be checked. Parabolic models produced by ESARQ's Thermojet 3D printer and exhibited at Galería H_2O, Barcelona, Spain

En la Antigüedad, los arquitectos tenían, eventualmente, la posibilidad de crear grandes escenarios o maquetas que simulaban sus edificios a escala real para convencer a sus mecenas de la conveniencia de su diseño. La tecnología del prototipado rápido ofrece la posibilidad de producir instantáneamente las maquetas –aunque más reducidas- para poder comprobar la forma, proporción, medidas, etc. de un proyecto. Maquetas de superficies-cubiertas parabólicas realizadas en la máquina Thermojet de impresión en 3D de la ESARQ UIC y que fueron mostradas en la exposición de 2002 en la Galería H_2O de Barcelona (España).

Investigation

Although the term *investigation* denotes a through study of a given subject, advanced architecture prefers to use the word in the sense of search and deduction, which include emotional factors affecting the cognitive process. The advanced architect does not try to train the environment; rather, he limits himself to stimulating it.

From intuition to a final decision based on major science and responding to doubt, research tries to generate relationships between different variables. We speak of going beyond simple analysis, which is why new tools and methodologies are needed. Research, then, as the profound *study* of some subject, as in a medical investigation; research as *search*, as in pursuing an investigation in order to find those guilty of a murder; research as *means* of discovery, as in pharmaceutical products; research as *end* in itself, as in TV series such as *Colombo* or in the Sherlock Holmes stories; research as a *bridge*, as in architectural theories that incorporate complex systems in order to solve unknown variables; for example, MVRDV (datascaping), Greg Lynn (datamining), Actar Arquitectura (dataforming), Shigeru Ban (datamaterializing).

Within these concepts, *self-organization* is important for its particular consequences. We could say that self-organiza-

qué investigar y así estar seguros del objetivo a perseguir. Las definiciones,[2] provenientes de diversos diccionarios y publicaciones son las siguientes:

Investigación

Aunque existe la concepción del término Investigación como estudio profundo de una materia, la arquitectura avanzada prefiere su accepción en torno la indagación o búsqueda. Esta accepción revisa incorpora los factores emocionales que afectan a los cognitivos.

El arquitecto avanzado no enseña nada al entorno, se limita a estimularlo.

De la intuición a la decisión en base a una mayor ciencia, dando respuesta a la incertidumbre.

La investigación intenta generar lazos entre las diferentes variables. Hablamos de ir más allá del simple análisis, y por ello son necesarios nuevos instrumentos y metodologías.

f. Estudio profundo de alguna materia: una investigación médica.

Indagación, búsqueda: prosigue la investigación para hallar a los culpables del asesinato.

~ Como medio (productos farmacéticos, estudio de una solución a un problema). Novartis, Bayer, Monsanto...

~ Como fin (series de películas para televisión, hallar los culpables de un asesinato). Colombo, Magnum, Angela Landsbury, Sherlock Holmes...

~ Como puente (arquitectura, incorporación de sistemas complejos para la resolución de incógnitas varias). MVRDV (datascaping), Greg Lynn (datamining), Actar Arquitectura (dataforming), Shigeru Ban (datamaterializing)...

Dentro de estos grandes conceptos, es importante por su particularidad las consecuencias del significado de *autoorganización*. Éste, podríamos decir que, surge después de un proceso termodinámico, de un proceso derivado por la otra parte del equilibrio y desarrollado en las ciencias de la complejidad. Esta propiedad de autoorganizarse, aunque se dé también en algunos sistemas inorgánicos, presenta características que, de algún modo, trascienden las ciencias físico-químicas más habituales, más conocidas. Por otro lado, la autoorganización

2. I appreciate the collaboration by María López and Francisco Alepuz.
Agradezco la colaboración continuada de María López y Francisco Alepuz.

tion arises after a thermodynamic process, out of a process deriving, on the other hand, from equilibrium and complexity. Although it also appears in certain inorganic systems, self-organization presents characteristics that in some way transcend physics's and chemistry's most customary and best-known knowledge. On the other hand, self-organization signifies a notion of system; that is, self-organization is composed by parts whose configurations and mutual interactions determine the whole that they form. Furthermore, the concept of self-organization defines a system that has a capacity for order, with no intervention by any external agent.

The study of natural properties intrinsic to any material or component of built architecture must take into account their capacities for adaptation and transformation—something similar to applying a method of investigation in order to create, with no mediating subjective attitudes, optimal forms. These processes have usually been deceptive, and they have not produced good architecture. They were automatic projects, close to being derived from engineering, which yielded a result that, in the manner of Dr. Frankenstein, partially fulfilled requirements while the whole, the final body, was frightening.

Science More Than Intuition

And for that reason, the point of departure at ESARQ UIC is to lay before the students all those tools that can situate them at another level, in a superior stratum, for understanding the development of an architectonic project.

These tools permit visualization and the manipulation of information.[2] We are all familiar with those theories, mainly from Holland, that are used in the Web's business world, where they are known as *datamining*, and in the architecture world, where they are called *datascaping*, as well as those that arose some time ago in Germany through *form-finding processes*.

Intuition is dead. Or we ought to believe so, in order to understand that from now on we must make decissions based on major science or information, and to find solutions to the uncertainty of form by means of our renewed intuition. And thus at ESARQ UIC we start working from three conceptual basics: innovation, ecology and communication.

Innovation is similarly generated in three more areas:

designa una noción de sistema, es decir, está compuesta por partes cuya configuración e interacciones mutuas determinan el todo que forman. Además, el concepto de autoorganización concibe que el sistema tiene una capacidad de orden, que se produce en virtud de sus propiedades materiales, excluyendo la intervención de un agente externo que lo diseñe. Y aquí aparece el bastión donde se sumerge la investigación elaborada durante el curso de máster.

El estudio de las propiedades naturales, intrínsecas de un material o de un componente para construir arquitectura, habría de proveer su propia capacidad de adaptación y transformación. Algo así como aplicar un método de inducción para que, sin mediar componentes subjetivos, pudiéramos crear formas óptimas. Normalmente, estos procesos eran engañosos, y no producían buena arquitectura. Eran proyectos automáticos, casi derivados de lo ingenieril, que producían un resultado que, a modo de Frankenstein, iba cumpliendo parcialmente las necesidades pero el todo, el cuerpo final, era terrorífico.

Ciencia más que intuición

Por esta razón, la premisa básica es poner frente al alumno todas aquellas herramientas que puedan situarlo en otro estrato, en un nivel superior de entendimiento del desarrollo de un proyecto. Estas herramientas no dejan de ser colectores de datos o ejecutores de información. De todos son conocidas estas teorías, principalmente en Holanda, que se utilizan desde el mundo de la empresa –llamada *datamining*– hasta el de la arquitectura –*datascaping*– y que hace algo más de tiempo en Alemania se originaron a través del llamado *form-finding process*.

La intuición ha muerto, o al menos eso nos deberíamos creer para entender que a partir de ahora debemos empezar a tomar decisiones primero, en base a una mayor ciencia o información, y dar respuesta a la incertidumbre de la forma con nuestra renovada intuición. Y así empezamos a trabajar en la ESARQ UIC, desde tres fundamentos conceptuales: la innovación, la ecología y la comunicación.

La innovación es generada, a su vez, por tres áreas: primero, la tecnológica –el desconocimiento es total cuando abrimos la puerta a otros sectores productivos, después, la relación Empresa-Universidad –intentando contactar y hospedar aquellas experiencias singulares dentro de un marco proyectual–

first, technology—we ignore everything about other industrial sectors—; second, the university/business relation—trying to contact and host singular experiences in an academic framework—; and third, new tools of computer programming, which we try to maximize.

Building

Ecology contributes a new conceptual mechanism for what must be the architect's work. At this time, these are the basic precepts: do not build unnecessarily; do not require more than what is essential; do not accept sustainability but, innovatively, advance to progress—an appropriate progress according to the logic of nature—by experimenting with growth and organic shapes and observing every field that affects an architect professionally: from master planning to the choice of a single material (fig. 6), from selecting the best orientation to knowing animals' tactics of camouflage in order to achieve better integration..

Do Not Build Unnecessarily

Relative to this premise, it is difficult to consider construction in the way that it has been considered up until now. The relation science-technology and the change from the industrial to the digital age expand teaching along two lines: what to teach and how to teach. It is likely that each of us will understand differently *what to teach*, but some directions can be tracked for *how to teach*; for example, how to hold attention in a world where it is assumed that after only twenty seconds of waiting, a navigator will change to a new Web site; or to create continuous stimulation when absolutely no one can watch a whole TV movie without changing the channel at least once; or provoking discovery while some people argue that there is nothing left to discover, maintaining that everything has already been invented.

Communication[3] has become a main factor in world economy. How globalization affects us as architects, how establishing an interaction with created space or how transforming it into one more characteristic of any product—these concerns have become fundamental. Why does a building product have only one function? I recall a project *crit* in which Marcos Novak asked what an intelligent material is. After some thinking, I believe I have the answer: it is a material that is not inept. As

6. We find ourselves in a state of continuous change. Even when one assumes that one knows a lot about his own field of work, surprising new issues constantly turn up. Dennis Dollens and Ignasi Pérez Arnal directed 300 students in a ten-day workshop at ESARQ UIC in the fall of 2001. While Dollens focused on shaping complex surfaces, Pérez Arnal emphasized the properties of the materials to be used. Sample of Maplar—an exterior construction material produced by recycling tetrabrick milk and wine packages—that was used to develop some of these projects. Plastic wood, Palma de Mallorca, Balearic Islands. Courtesy of Alfons Barril.

Nos encontramos en una situación de cambio. Cuando uno asume que conoce sobradamente su campo de trabajo, aparecen de forma continua nuevos conceptos que inciden en él. Dennis Dollens e Ignasi Pérez Arnal dirigieron un taller vertical para 300 alumnos durante diez días en el otoño de 2001. Mientras DD incidía en la programación de superficies complejas, IPA centraba la mente de cada participante en las propiedades de los materiales a utilizar al mismo tiempo. Muestra de Maplar, un material de construcción para exterior producido mediante el reciclaje de los paquetes de tetrabrick utilizados para leche o vino con el que se trabajó durante este taller. Madera plástica, Palma de Mallorca, Islas Baleares. Cortesía de Alfons Barril.

7a. Products can be natural or made to order by nature. To understand properties of any natural material is complex but it doesn't, necessarily, have to be a long study. Drawing courtesy: Miguel Ángel Rodríguez Nevado

Dentro de la ecología existe un gran debate entre el uso de materiales naturales o los que provienen de la naturaleza. Comprender cualquier material natural exige un estudio muy complejo, pero esto tampoco debería significar que fuera muy largo. Dibujo cortesía de Miguel Ángel Rodríguez Nevado

3. CTheory: Technology and Culture. Vol. 25, nos 1-2, www.ctheory.net, Article 104, 23/01/02, Editors: Arthur and Marilouise Kroker. "Myron Krueger Live," by Jeremy Turner. Myron Krueger is one of the pioneers of virtual reality and interactive art. Since 1969, Krueger has developed prototypes for Artificial Reality. These reactive environments change with movements, gestures of the observer through a sensor system placed in the floor, graphic tables, and video cameras.

3. CTheory: Technology and Culture. Vol. 25, nos 1-2, http://www.ctheory.net, Article 104, 23/01/02, Editors: Arthur and Marilouise Kroker. "Myron Krueger Live," de Jeremy Turner. Myron Krueger es uno de los pioneros de la realidad virtual y el arte interactivo. Desde 1969, Krueger desarrolla prototipos para lo que se conocería como Realidad Artificial. Estos entornos reactivos interactuaban con el movimiento y el gesto de su observador a través de un sistema de sensores en el suelo, tablas gráficas y cámaras de video.

y por último, maximizar las nuevas herramientas de programación informática.

Construir

La ecología aporta un nuevo mecanismo conceptual de lo que ha de ser el trabajo de un arquitecto. En estos momentos, los máximos preceptos son no construir si no es necesario, el no necesitar más de lo imprescindible y no conformarnos con la sostenibilidad sino, mediante la innovación, avanzar hacia el progreso. Un progreso asumible desde el conocimiento de las lógicas naturales, la experimentación de los crecimientos y formas de orden orgánicos; y la observación de todos los campos donde nos influye profesionalmente como arquitectos: desde la configuración de un *masterplan* hasta la selección de un material (fig. 6), desde elegir la mejor orientación hasta conocer los mecanismos del camuflaje animal para una mejor integración.

No construir si no es necesario

Ante esta premisa es difícil considerar el hecho constructivo de la misma forma que lo habíamos hecho hasta ahora. La vinculación ciencia-tecnología, el cambio de era industrial a era digital desdoblan el hecho del magisterio en dos bandas: qué enseñar y cómo enseñar. Es probable que cada uno entienda de forma diferente el qué enseñar, pero algunas líneas comunes se pueden trazar sobre la forma de enseñar: mantener la atención en un mundo donde se dice que a partir de 27 segundos de espera un navegante cambia de web, crear un estímulo contínuo cuando absolutamente nadie puede ver una película de televisión entera sin cambiar de canal una sola vez, volcar hacia el descubrimiento cuando algunos defienden que no hay nada por descubrir, quien mantiene que todo está inventado...

Por otro lado, la comunicación[3] se ha convertido en uno de los factores principales en la economía del mundo. Cómo nos afecta la globalización como arquitectos, cómo establecer una relación de interacción con el espacio creado o cómo transformarla en una característica más en cualquier producto se ha hecho primordial. ¿Por qué un producto de construcción sólo puede tener una función? Recuerdo un *crit* de proyectos que se encontraban en proceso, en el que Marcos Novak preguntó qué era un material inteligente. Y creo que después de un tiempo ya

simple as that: the material must be efficient, one that guarantees a process. For example, in Spanish a computer is called an *ordenador*, meaning something that *sorts*. And when such a machine can beat somebody in a chess match, we normally say that this computer is more intelligent, that it knows more, than the competing person; or, perhaps, that it has more ability to *sort* than that human being.

On the other hand, we speak of new strategies for placing built structures in the landscape, of tactics that respond to attitudes . . . *scale, mimesis, camouflage, prosthesis, colonization, infiltration*—are some of the terms frequent in recent years. At a time when a battle without quarter is being fought between local and global powers, perhaps now is the moment to change paradigms: we should talk about the environment, not about context.

It seems that we are made of information,[3] so why can't architecture be made of it too?

We see how a company can buy the genetic-information bank of an entire country, Iceland, in order to specify which key genes control illnesses and pathologies but, also, which genes control the characteristics that mark the individuality of Iceland's people; and, with this information, be able to modify those conditions of the environment necessary for the creation of solutions at will. (Figs. 7a & 7b)

7b. Nature can be modified, mechanically as well as genetically. Achieving a square section of a bamboo could change the entire process of building with this material. Joints, intersections, and connections in any part of a building will necessarily change if this more rational, logical shape is provided for construction. Parets del Vallès, Spain, 2001. Ignasi Pérez Arnal. Photography courtesy by Gerard Bastidas.

Es posible modificar la naturaleza. Y lo podemos hacer utilizando medios mecánicos y procesos genéticos. Conseguir una caña de bambú de sección cuadrada puede cambiar por entero un proceso constructivo. Las juntas, uniones y encuentros en cualquier parte del edificio cambiarán de forma obligada si se provee una forma más razonable y lógica a un material que puede utilizarse en cualquier construcción. Parets del Vallès, (Barcelona, España), 2001. Ignasi Pérez Arnal. Fotografía cortesía de Gerard Bastidas.

Toward Logics of the Natural Environment

Mathematical and statistical knowledge has been useful for understanding, valorizing, and producing both information and messages about known phenomena. For some time now, we have been able to appreciate mathematics' everyday role in revealing other attitudes, such as the exploration of alternatives, living with controllable environments, information processing, or perseverance in the search for answers. But creativity has been postulated as the best method for posing questions, and as an event for enabling integration with the environment.

In nature you can find diverse polygonal and fractal forms or even apply techniques for resolving problems in plane geometry, which is why it is easy to represent natural elements by simple formulas for determining areas and surfaces, such as the theorems of Thales and Pythagoras. In our natural environment we are surrounded by objects, shapes, designs and transformations. Geometrical properties (fig. 8) are ever more accessible and

8. From imagining the project to its genetic construction. When trying to design a new concept for a bamboo house, it is very difficult to avoid any relation to the process of its actual building. But now we are able to modify these products themselves. Square section of bamboo. Parets del Vallès, Barcelona, Spain, 2001. Ignasi Pérez Arnal. Photography courtesy by Gerard Bastidas.

Desde la concepción de un proyecto hasta su construcción genética. Mientras se intenta diseñar un nuevo concepto de casa de bambú, es muy difícil desprenderse de cualquier relación con su proceso de construcción. Pero ahora está en nuestras manos la capacidad de modificar estos mismos materiales vegetales. Parets del Vallès, (Barcelona, España), 2001. Ignasi Pérez Arnal. Fotografía cortesía de Gerard Bastidas.

tengo la respuesta, es un material que no sea tonto. Tan simple como esto, que sea eficiente, que garantice un proceso. Por ejemplo, llamamos precisamente *ordenador* a un equipo informático, algo que ordena. Y cuando puede vencer en una partida de ajedrez a una persona, decimos que ese ordenador es inteligente, sabe más que aquella persona o quizás es que tiene más capacidad de ordenar que aquel ser humano.

Por otro lado, se habla de nuevas estrategias de emplazamiento en las piezas construidas en el paisaje, de tácticas que respondan a actitudes –la escala, la mimetización, el camuflaje, las prótesis, la colonización, la infiltración… son los términos habituales utilizados en los últimos años–. En un momento donde se ha establecido una lucha sin cuartel entre los poderes locales y globales, quizás es el momento de cambiar de paradigma. Ha llegado el momento de hablar de entorno y no de contexto.

Parece que estamos hechos de información[3], ¿por qué no lo puede estar la arquitectura?

Vemos como una empresa compra el banco de información genética de un país entero, Islandia, para concretar cuáles son las claves que de forma más común intervienen en enfermedades y patologías específicas pero, también, en las características que marcan la individualidad de sus habitantes. Y así poder modificar aquellas condiciones de contorno necesarias para *crear a voluntad* soluciones. (Figs. 7a y 7b)

Aproximación a la matemática del entorno natural

Utilizar el conocimiento matemático y estadístico ha servido para interpretar, valorar y producir informaciones y mensajes sobre fenómenos conocidos y desde hace tiempo se aprecia el papel de las matemáticas en la vida cotidiana para valorar actitudes como la exploración de alternativas, la convivencia con la precisión o la perseverancia en la búsqueda de soluciones. Pero aún así, la creatividad se ha postulado como el mejor método de creación de problemas, y como evento para posibilitar la integración con el medio.

La naturaleza es un medio dónde se pueden encontrar diversas formas poligonales y fractales o incluso aplicar técnicas de resolución de problemas sobre la geometría del plano. Por ello es fácil representar elementos de la naturaleza usando simples fórmulas para hallar áreas y superficies, como el Teorema de Thales o el de Pitágoras. En nuestro entorno natural, ambiental,

present in daily life as we conquer space, orienting us in analyzing shapes and seeking situational, functional, and even abstract spatial relations. In geommetrical space we must differentiate two ways of understanding and expressing: the direct—geometrical intuition, given by the eyes—and the reflexive—logic, arising verbally. These two ways of knowing are different but complementary. (Fig. 9)

Datascape or the Statistics of Nature

Statistics, as a quantitative expression of knowledge, confers appropriate form on scrutiny and analysis. Its relation to nature gives rise to biometry, which is defined as the study of living organisms by numbers. That creativity is a variable which may be identified as a process, a product, or a personal characteristic has been well established, as has the fact that there are many tools, techniques, and strategies that, according to their originators, will develop creativity. (Figs. 10a & 10b)

Information architecture appears indissolubly united to design—Web sites, for example—; but it really goes far beyond such a relation: it is a fundamental element in the conversion of information into knowledge. According to the Glossary of the Argus Center for Information Architecture, Information Architecture, is "the art and the science of organizing information in order to help people satisfy their information needs." We learn through a process in three phases and it is necessary to develop all three as much as possible:

9. Recycling has been a necessity common to building process wherever supplies are scarce. At a time when the world has grown richer in goods, it becomes necessary to go back to recycling in order to reclaim the surpluses and remains of superfluous production, which leads architecture to seek new alternatives. An example could be the effect achieved using recycled glass as filling between two layers of glass, EcoStudio, 2001. Courtesy by Gerard Bastidas, Isaac Muley and Pau Corral.

El hecho de reciclar ha sido un proceso ligado a la construcción en aquellos lugares con escasez de provisiones. Cuando el mundo se ha convertido en algo más rico, la necesidad de volver al reciclaje aparece para contrarrestar los sobrantes y residuos de una producción superflua, llevando a la arquitectura a buscar nuevas alternativas. Efecto conseguido al utilizar vidrio reciclado como relleno de un paramento de doble acristalamiento, EcoStudio, 2001. Cortesia de Gerard Bastidas, Isaac Muley y Pau Corral.

- *Data. In spite of its abundance, data is not the defining force of our time. Without context, data is not information and, as such, is only raw material for understanding, just as a block of granite is not sculpture until the excess stone is removed, even though the sculpture "is there."*

- *Information. Information derives from the form in which data is organized and presented, which confers on it or permits the revelation of its meaning or, at least, its interpretation. Information is the "distillation" of data.*

- *Knowledge. What distinguishes knowledge from information is the complexity of experiences required in order to*

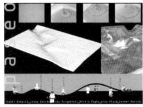

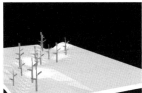

10a & 10b. Datascaping could mean: use the environmental data of the site for reference and information to begin work. Student panel for new urban furniture developed from specific site data. Mª Isabel Gabarró and Pep Gascón.

Datascaping podría significar: use los datos del emplazamiento y tendrá las referncias necesarias para empezar su proyecto. Panel elaborado por estudiantes para el desarrollo de una nueva gama de mobiliario urbano según los datos de un lugar específico site Ma Isabel Gabarró y Pep Gascón.

estamos rodeados de objetos, formas, diseños y transformaciones. Las propiedades geométricas (fig. 8) son cada vez más accesibles y presentes en la vida cotidiana, cultural y técnica, mientras que paulatinamente vamos tomando posesión del espacio, orientándonos, analizando formas y buscando relaciones espaciales de situación, de función o simplemente de contemplación. En el conocimiento del espacio geométrico hay que distinguir dos modos de comprensión y expresión, el que se realiza de forma directa, que corresponde a la intuición geométrica, de naturaleza visual y el que se realiza de forma reflexiva, es decir, lógica, de naturaleza verbal. Estos modos de conocimiento, aunque muy distintos son, complementarios. (Fig. 9)

Datascape o la Estadística en la Naturaleza

La estadística, como expresión cuantitativa del conocimiento, da forma adecuada al escrutinio y al análisis. Su relación con la naturaleza hace aparecer la biometría que se define como el estudio de los seres vivos a través de la estadística. Es un hecho establecido que la creatividad es una variable que puede ser identificada como un proceso, como un producto, o como una característica de la personalidad. También es un hecho que existe un buen número de herramientas, técnicas o estrategias, cuyos autores afirman que desarrollan la creatividad. (Figs. 10a y 10b)

La Arquitectura de la Información parece indisociablemente unida al diseño, por ejemplo, de sitios web, pero en realidad va mucho más allá: es una parte fundamental de la conversión de información en conocimiento.

Según el glosario del Argus Center for Information Architecture, la Arquitectura de la Información es "el arte y la ciencia de organizar la información para ayudar a la gente a satisfacer sus necesidades de información". Aprendemos a través de un proceso de tres etapas, donde es necesario el desarrollo consecutivo de las tres tanto como nos sea posible:

Datos. A pesar de su abundancia no es la fuerza definitoria de nuestro tiempo. Los datos sin contexto no son información y como tal son simplemente la materia en bruto del que partimos para la comprensión, igual que un bloque de granito no es una escultura hasta que se retira la piedra sobrante, aunque la escultura "esté allí" Información Proviene de la forma en que se organizan y se

arrive at it. For a student to arrive at knowledge in a certain subject, he must be exposed to the same collection of data in different ways, from different points of view; and he must work out his own experience of it himself. For this reason, education is notoriously difficult: knowledge cannot be transfered from one person to another; it must be fabricated by the person himself.

In this sense, ESARQ UIC's master's course tries to advocate "design from experience" as the means to creating events that build knowledge most efficiently. To move from information to knowledge and from knowledge to wisdom—that is our commitment and our task. (Fig. 11)

Transfering Creativity

Creative people who make things (new products, and by "product" I mean architectural projects) make them with specific procedures (processes) and perform in a fixed way (personal characteristics or what has been spoken of here as "attitude"). Yet, while it seems that there are no elements common to all creative people, I do think that there are some basic elements, such as intelligence—an intelligence developed by unending repetition of combinatorial analysis of the environment. We should not sidestep UNESCO's definition of intelligence: the capacity to adapt oneself to the environment. Whoever most easily adapts himself to a specific environment is the most intelligent. May we not conclude then that architectures poorly adapted to a particular context are scarcely intelligent?

On the other hand, persistence and tenacity are undoubtedly other factors common to creativity, and to all these characteristics may be added *motivation* or whatever else we call a constant drive, obliging one to work toward fulfilling a goal. Undoubtedly, fluidity and flexibility are also elements. If, relative to the environment, we translate fluidity and flexibility into architecture, we could even call the resulting quality, camouflage, the capacity to simulate.

Successive Approaches

Organisms tend to favor behaviors that are prized, to shed behaviors for which they receive no rewards, and to exhibit

11. Artificial landscape, real landscape. Known as Cretto di Burri, this is an intervention at a site where a small town stood before an earthquake on the island of Sicily. By covering fields with white concrete and thus creating streets between these blocks the intervention has made an evident change in the viewer's perception. Without ceasing to be complex surfacing, the intervention is changed into architecture.

Paisaje artificial, paisaje real. Conocido como el Cretto di Burri, ésta es una intervención artística en una pequeña localidad existente antes de un terremoto sucedido en la isla de Sicilia (Italia). Se hace patente, a través de esta obra, cómo cubriendo los campos con hormigón blanco, dejando calles entre esos bloques, la percepción del lugar cambia por completo. No deja de ser una superficie compleja que se convierte por ella misma en arquitectura.

presentan los datos, lo que le confiere, o permite que se revele, su significado o al menos su interpretación. El paso de datos a información representa el paso de lo puramente sensorial a lo conceptual. Es la "destilación" de los datos.

Conocimiento. Lo que diferencia el conocimiento de la información es la complejidad de las experiencias que se necesitan para llegar a él. Para que un alumno llegue al conocimiento de una cierta asignatura, se ha de exponer al mismo conjunto de datos de diferentes maneras, con diferentes perspectivas y ha de elaborar su propia experiencia del mismo. Por ello, la educación es tan notoriamente difícil, el conocimiento no se puede transferir de una persona a otra, se ha de fabricar por la propia persona.

En este sentido, el máster intenta preconizar el "diseño de experiencias" como la forma de crear los eventos que construyen conocimiento de una forma más eficiente. Pasar de la información al conocimiento y de éste a la sabiduría, es responsabilidad y trabajo nuestros. (Fig.11)

Transferir la creatividad

La creatividad es un proceso, una característica de la personalidad y un producto. Las personas que hacen cosas creativas (nuevos productos, y entendamos productos como proyectos arquitectónicos), las hicieron con determinados procedimientos (procesos) y actuaron de determinada manera (características de personalidad o lo que aquí hemos establecido como actitud). El problema aquí es que al parecer no hay elementos comunes en todos los creativos. Sin embargo, sí creo, hay algunos elementos propios como la inteligencia. Una inteligencia desarrollada a través de la repetición incesante de combinatorias con el entorno. No debemos soslayar la definición que la misma UNESCO declara sobre inteligencia: la capacidad de adaptarse al entorno. Quién más fácilmente se adecúa a un entorno determinado, más inteligente es. ¿Podemos entonces llegar a la conclusión que arquitecturas mal adaptadas en un contexto dado son poco inteligentes?

Por otro lado, la persistencia, la tenacidad son sin duda otros factores comunes en la creatividad. A lo anterior, de alguna

behaviors by which they can avoid pain. To incorporate these tendencies in a program aimed at developing creativity means governing the program according to the principle of successive approaches, whereby forward movement is achieved step by step, each step reinforced (prized) and the next not taken unless the previous one has been successful.

All this is what the master's program in Genetic Architectures attempts to forge: experience through knowledge and technology.

We believe that the road has been cleared.

Ignasi Pérez Arnal is a practicing, Barcelona-based architect. He is the Director of the Environmental Department at ESARQ UIC (Barcelona) and co-director of the UIC master program in Genetic Architectures. Winner of the Construmat Prize, he regularly contributes to *En.Red.Ando, Arquitectura, Pasajes*, and *Quaderns d'Arquitectura*. He was a co-founder of Actar publications and of the studio, recognized in Europe for innovation, Actar Architecture.

Ignasi Pérez Arnal *desarrolla su carrera de arquitecto en Barcelona. Es Director del Área de Ecología y Arquitectura de la ESARQ UIC y profesor del Máster en Arquitecturas Genéticas en la misma escuela. Fue Premio Construmat en 1993, y colabora regularmente en periódicos, revistas y e-zines. Fue co-fundador de Actar Editorial y del estudio, reconocido en Europa por su innovación, Actar Arquitectura.*

manera, también puede llamársele motivación o cualquier término que hable de una fuerza constante que obligue a actuar hacia el cumplimiento de un objetivo. La fluidez y flexibilidad son también elementos insoslayables. Y si las traducimos en arquitectura la fluidez con el medio la podríamos llamar, incluso, capacidad de camuflaje.

Aproximaciones sucesivas

Los organismos tienden a incrementar las conductas que les son premiadas, a no proyectar conductas para las cuales no reciben premios y a presentar conductas de evitación de lo doloroso. Incorporar esto a un programa de desarrollo de la creatividad significaría que los programas estarían hechos bajo el principio de aproximaciones sucesivas, en donde se afirma que se avanza a pequeños pasos y cada paso es reforzado (premiado) evitando dar el paso siguiente sin tener éxito constante en el paso previo.

Todo ello es lo que pretende forzar el máster de Arquitecturas Genéticas, la experiencia a través del conocimiento y mediante la tecnología.

Creemos que el camino ya lo hemos trazado.

Genetic Architecture / Arquitecturas genéticas

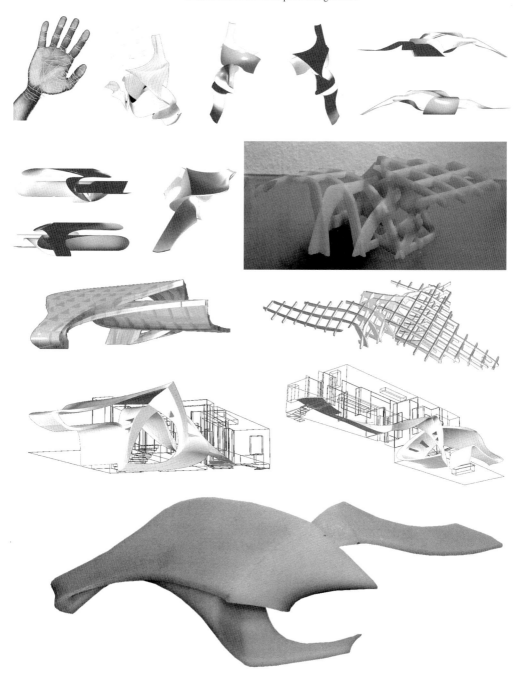

Genetic Architectures Master Program, 2003. Lois Hagmûller
Hand lexicon. Rhino drawing & Thermojet models

Máster de Arquitecturas Genéticas, 2003. Lois Hagmûller
Lexicón de una mano. Dibujos en Rhino y modelos realizados con Thermojet

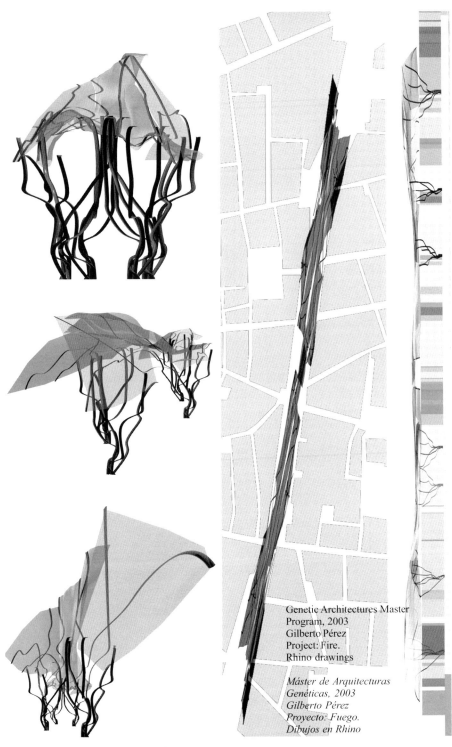

Genetic Architectures Master
Program, 2003
Gilberto Pérez
Project: Fire.
Rhino drawings

*Máster de Arquitecturas
Genéticas, 2003
Gilberto Pérez
Proyecto: Fuego.
Dibujos en Rhino*

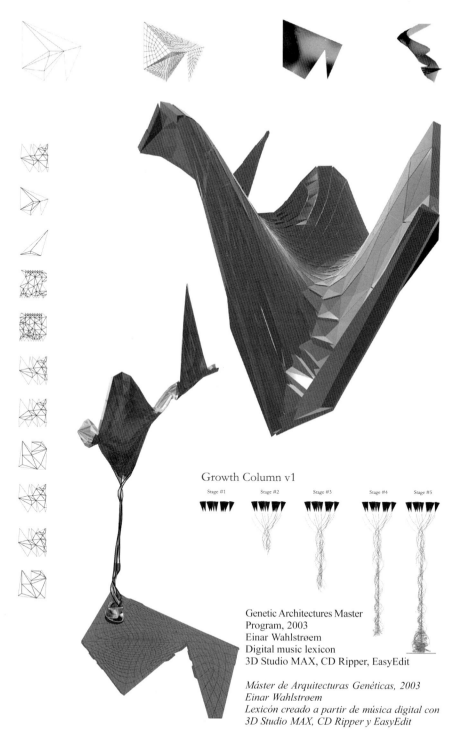

Growth Column v1

Stage #1 Stage #2 Stage #3 Stage #4 Stage #5

Genetic Architectures Master
Program, 2003
Einar Wahlstrøem
Digital music lexicon
3D Studio MAX, CD Ripper, EasyEdit

*Máster de Arquitecturas Genéticas, 2003
Einar Wahlstrøem
Lexicón creado a partir de música digital con
3D Studio MAX, CD Ripper y EasyEdit*

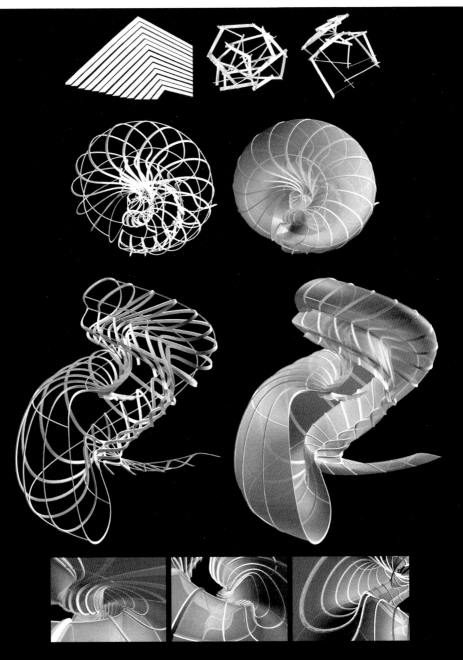

Genetic Architectures Master Program, 2002. Yasushi Ishida
Project: Spiral, Rotation, & Movement. Rhino, FormZ, 3D Studio MAX

Máster de Arquitecturas Genéticas, 2002. Yasushi Ishida
Proyecto: Espiral, Rotación y Movimiento. Rhino, FormZ y 3D Studio MAX

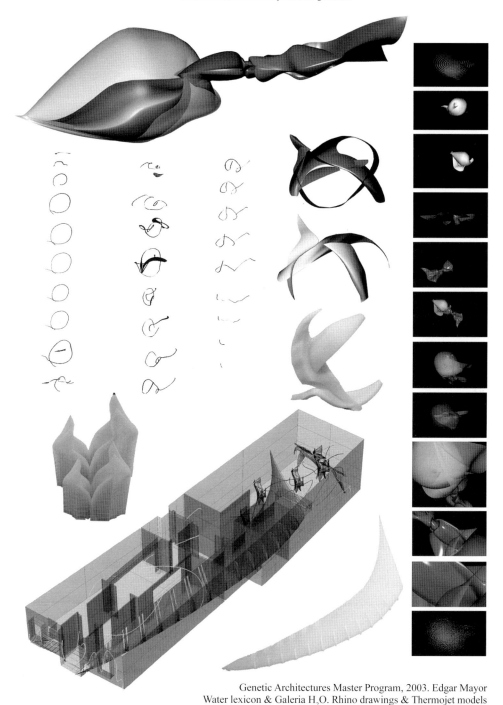

Genetic Architectures Master Program, 2003. Edgar Mayor
Water lexicon & Galeria H$_2$O. Rhino drawings & Thermojet models

*Máster de Arquitecturas Genéticas, 2003. Edgar Mayor
Lexicón de agua e intervención en la Galería H$_2$O. Dibujos en Rhino y maquetas Thermojet*

Hacia una arquitectura genética
Dennis Dollens

> **Ge·né·ti·co**: 1. a. De lo relacionado con la genética o genes.
> b. Afectando o afectado por genes: un desorden genético.
> 2. De, relacionado con, o influido por
> el origen o desarrollo de algo.
>
> **Eco·to·no**: Zona de transición entre dos comunidades conteniendo
> las características específicas de cada uno.
> *The American Heritage Dictionary,*
> 3ª Edición

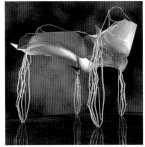

1. The TumbleTruss Project. Paris Kiosk. 2001. Dennis Dollens.

Proyecto TumbleTruss. Quiosco en Paris, 2001.

Introducción

Uno de los más avanzados, técnicamente hablando, de los programas de arquitectura en el Sur de Europa y la región mediterránea, es el programa de Máster en Arquitecturas Genéticas de la ESARQ UIC (Escola Tècnica Superior d'Arquitectura de Barcelona, Universidad Internacional de Cataluña), emergido recientemente como nuevo centro generador de diseños y teorías. Bajo la dirección de Alberto T. Estévez, los profesores responsables del programa han impulsado a los estudiantes a profundizar el mismo concepto de investigación, beneficiando tanto a unos como a otros al aunar la disciplina académica y profesional en un solo cuerpo.

En mi caso, algunas clases devienen un laboratorio para la investigación y el diseño, que contribuye a la comprobación de mis hipótesis sobre una arquitectura botánico-digital fusionando la visualización digital con la tecnología, el entorno, la biomimética, y la modelación rápida. Utilizando mi experiencia y trabajo como caso de estudio, voy a esbozar mi investigación y diseño independientes para después discutir cómo los aspectos de este trabajo han sido instrumentalizados para desarrollar actividades como la visualización digital y el prototipado rápido como programa de enseñanza en la ESARQ en colaboración con Ignasi Pérez Arnal, y cómo esta enseñanza aparece como una estrategia de investigación y terreno de prueba para –"The TumbleTruss Project" –El Proyecto TumbleTruss–, funcionando todo el conjunto como un taller experimental para los futuros arquitectos.

Toward a Genetic Architecture
Dennis Dollens

> **Ge·net·ic** . . . 1.a. Of or relating to genetics or genes.
> b. Affecting or affected by genes: a genetic disorder.
> 2. Of, relating to, or influenced by the origin or development of something. . . .
>
> **Ec·o·tone** . . . A transitional zone between two communities containing the characteristic species of each . . .
> *The American Heritage Dictionary,*
> *3rd Edition*

2. The TumbleTruss Project. Canopy & STL exhibition, New Mexico Museum of Fine Arts, Santa Fe. 2001-2002.
3. The TumbleTruss Project. CP-1: Canopy. Ash Bentwood Pavilion. Santa Fe. 2002. Dennis Dollens.

2. Proyecto The TumbleTruss. Cubierta y exposición de maquetas STL, Museo de Bellas Artes de Nuevo Méjico, Santa Fe, 2001-2002.
3. Proyecto The TumbleTruss. CP-1: Pabellón de madera conformada. Santa Fe. 2002.

Introduction
As one of the most technically advanced architecture programs in the Southern Europe and Mediterranean region, the master's degree program in Genetic Architecture at ESARQ (Escola Tècnica Superior d'Arquitectura) has recently begun to emerge as a center for and generator of new design and theory. Under Alberto Estévez's direction, professors have been encouraged to engage students in research that benefits both student and teacher as well as the profession as a whole.

In my case, certain classes become a laboratory for research and design that contributes to the testing of my hypothesis for a digital-botanic architecture fusing electronic visualization with technology, the environment, biomimetics, and rapid prototyping. Using my experience and work as a case study, I outline my independent research and design, then discuss how aspects of this work (in collaboration with Ignasi Pérez Arnal) have been instrumental in developing digital visualization and rapid prototyping as a teaching program at ESARQ and how, in turn, that teaching emerges as a research strategy and testing ground for The TumbleTruss Project, all the while functioning as an experimental studio for students.

Digital Botanic Architecture
From its inception in 1995, my independent research for The TumbleTruss Project has had a two-fold purpose: (1) to search for structure and form derived from native and invasive plants in the area around Santa Fe, New Mexico, U.S.A.; (2) to extract

Arquitectura Botánico-Digital

Iniciada en 1995 mi investigación independiente, El Proyecto TumbleTruss, ha tenido dos propósitos básicos: 1) buscar estructuras y formas derivadas de plantas autóctonas e invasivas en el área cercana a la ciudad de Santa Fe, en el estado de Nuevo Méjico (EE.UU.) y 2) extraer principios de crecimiento y desarrollo de esas estructuras y aplicar esas extrapolaciones a modelos digitales piloto que más tarde avanzarán hacia una experimentación física y digital dentro de los términos de la arquitectura y escultura. De forma más específica, he desarrollado para el proyecto una visión *biomimética* de las plantas que ruedan incesantemente por el desierto de Nuevo Méjico (*Salsola kali*)*. Ésta es una planta icono e invasiva dotada con un extraordinario sistema de interconexiones estructurales, creando un globo infraestructural preparado para resistir el estrés de un viaje -gracias al viento- y necesario para la dispersión de sus semillas a lo largo del trayecto. Una planta que contínuamente me recompensa con ideas sobre estructuras y superficies.

En el curso del proyecto, lentamente he creado una serie de sistemas estructurales miméticos basados en las *Salsola kali* y sus ramificaciones o nodos de interconexión (similar a como funciona el v*elcro*). A lo largo de este desarrollo de estructuras irregulares, he construido de forma simultánea una serie de estructuras digitales y físicas en correspondencia con su potencial escultural y arquitectónico.[1] (Fig. 1-3)

A mediados de 2001, inicié mi investigación hacia la generación digital de formas de plantas y su elaboración, la extrapolación biomimética de principios naturales para estudiar una serie de problemas arquitectónicos —superficies curvas, conectores, ramificaciones como sistemas de soporte y partes interconectadas— que se transformarán más tarde en una arquitectura y escultura de crecimiento digital. He desarrollado una hipotética semilla para esta fase del proyecto usando observaciones de campo de las *Salsola kali,* y otras plantas, así como fotografías microscópicas de las células de plantas, escaneados digitales y animaciones. También he hibridizado estas observaciones e informaciones a partir del gráfico creado en 1924 por el arquitecto norteamericano Louis Sullivan en *System of Architectural Ornament,* creando así un sistema nuevo y único para generar arquitectura digitalmente.[2] Me he apropiado del

*Nota del traductor: Salsola kali -nombre sin una eventual traducción al castellano- es el nombre botánico de una especie vegetal de tipo matojo pero fácilmente reconocible en las películas de Far West, donde en cualquier duelo puede verse rodando por la acción del viento.

Genetic Architecture / Arquitecturas genéticas

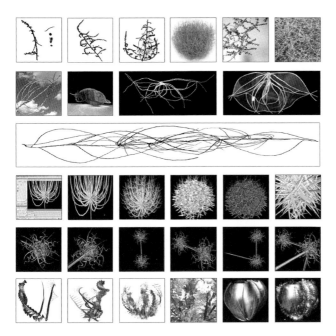

4. The TumbleTruss Project. Physical and Digital Lexicons. 1998-2003. Bottom 3 rows generated (grown) with Xfrog. Dennis Dollens.

Proyecto The TumbleTruss. Lexicones físicos y digitales. 1998-2003. Las tres filas inferiores han sido generadas ("crecidas") con Xfrog.

principles of growth and development from such structures and apply those extrapolations to experimental digital models that will lead to further experiments in physical and digital architecture and sculpture. More specifically, for the project I have developed a biomimetic view of tumbleweeds (*Salsola kali*), an iconic and invasive plant whose extraordinary system of structural interlinking and bracing creates a structural globe able to withstand the stress of wind-blown travel necessary to the dispersal of its seeds. The tumbleweed continually rewards me with ideas for both structures and surfaces.

In the course of the project, I have slowly created a series of mimetic structural systems based on the tumbleweed's branching and interlinking barbs (similar to those in Velcro). Along with developing irregular structures, I have simultaneously built a series of corresponding physical and digital structures and surfaces with both sculptural and architectural potential.[1] (Figs. 1-3)

Over the course of the last year my investigation has turned to the electronic generation of plant forms and the elaborate, biomimetic extrapolation of natural principles in order to study a series of architectural problems—connectors and branching as supporting systems, as well as inter-linking parts—that will eventually lead to digitally-grown architecture and

1. Dennis Dollens, *Exodesic: Structures, Tumbleweeds, Electronics,* Santa Fe, SITES Books, 1999 and *The TumbleTruss Project / El Proyecto TumbleTruss,* Barcelona, Galería H₂O, 2000. For a more general discussion of digital architecture see: *D2A: Digital to Analog,* Santa Fe, SITES Books, 2001 or *De lo digital a lo analógico,* Barcelona, Editorial Gustavo Gili, 2002. An overall view of the work may be seen at www.tumbletruss.com.

1. Dennis Dollens, *Exodesic: Structures, Tumbleweeds, Electronics,* Santa Fe, SITES Books, 1999 y *The TumbleTruss Project / El Proyecto TumbleTruss,* Barcelona, Galería H₂O, 2000. Para una discusión más general sobre arquitectura digital, ver: *D2A: Digital to Analog,* Santa Fe, SITES Books, 2001 o *De lo digital a lo analógico,* Barcelona, Editorial Gustavo Gili, 2002. Una perspectiva del trabajo puede ser consultada en www.tumbletruss.com.

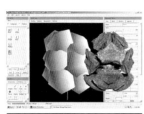

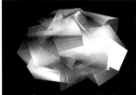

5. The TumbleTruss Project. Xfrog form generation based on a pinecone then printed on a Thermojet 3D printer. 2003. Dennis Dollens.

Proyecto The TumbleTruss. Formas generadas con Xfrog basadas en el fruto de un ciprés y después impresa en 3D con una herramienta de prototipado rápido Thermojet. 2003.

sistema propuesto por Sullivan buscando caminos para crear elementos individuales léxico-formales. (Fig. 4) Más tarde, este léxico es usado para estimular y hacer *crecer* de una forma programada experimentos, formas con elementos parecidos a plantas en *Xfrog* –un *software* generador de especies botánicas creado por *Greenworks* y con el cual estoy explorando sus límites de programación con soporte técnico y asistencia de sus creadores– y profundizando en su adaptación a las funciones del diseño y la arquitectura para las cuales no fue originalmente diseñado.[3] Los resultados de crecimiento que conseguí con el software se exportan luego al *Rhinoceros*[4] –un software generador de superficies complejas, de ahora en adelante nombrado como Rhino– para el diseño adicional de las superficies, para el pulido y posterior renderizado y animación en *3D Studio MAX* o exportado como un archivo STL para el modelado en 3D del objeto sólido o maquetas estereolitográficas. (Fig. 5)

      La secuencia combinatoria de generar un *lexicón* (así denominaremos al léxico creado por un abecedario de formas y superficies que han de servir de base para generar un conjunto de imágenes, de espacios) y más tarde, renderizar ilustraciones y animaciones como un valor añadido a los modelos digitales STL o a las impresiones de objetos sólidos, ofrece una poderosa aproximación a una nueva manera de visualizar y generar arquitectura desde la naturaleza. Esta es la base de mi *corpus* académico en la ESARQ UIC.

Investigación en el Máster de Arquitecturas Genéticas
Junto a Ignasi Pérez Arnal –arquitecto especializado en la investigación medioambiental, proyección y uso de materiales ecológicos– co-dirijo un máster *studio* en la ESARQ UIC que está organizado como si se tratara de una grupo de investigación. En las áreas de diseño digital, primero se debate sobre tecnología, industria e historia de los materiales, cómo se desarrollan las tecnologías y cómo la ciencia evoluciona afectando las fuerzas que intervienen en la arquitectura y requiriendo, a su vez, nuevas respuestas. Después se analiza cuando una respuesta puede ser extraída desde la información específica, en este caso, la información sustraída a lo botánico y otras formas naturales. Introduzco conceptos de visualización digital y de modelado de superficies utilizando el 3D software Rhino, como herramienta

sculpture. I have developed the hypothetical seed for this segment of the project using field observations of tumbleweeds (and other plants) as well as microscopic photographs of the plant's cells, digital scans, and animations. I have also hybridized these observations and information with Louis Sullivan's 1924 graphic *A System of Architectural Ornament,* thus creating a unique new system for generating architecture digitally.[2] I have appropriated Sullivan's *System,* seeking ways to create individual elements of a form-lexicon. (Fig. 4) I then use this lexicon to digitally *grow* experimental, plantlike forms in Xfrog, a botanic generating software from Greenworks whose boundaries I am exploring (with tech support and assistance from the developers) and pushing into architectural and design areas not originally envisioned for the software.[3] I then export my resulting software growths to Rhinoceros[4] (Rhino) for additional surface design or refinement. Finally, I render and animate the growths in 3D Studio MAX or export them as STL files for 3D solid-object printing or stereolithography models. (Fig. 5)

The combinatory sequence of generating lexicon and subsequently rendered illustrations and animations, in addition to digitally generated STL models or printed solid objects, offers a powerful view to a new way of visualizing and generating architecture from nature—and is the base for my teaching at ESARQ UIC.

Genetic Master Research

With Ignasi Pérez Arnal, an architect who specializes in environmental research, design, and eco-friendly materials, I co-teach an ESARQ master studio organized as a research group. In digital design, we first discuss the history of technology, industry and materials: how developing technologies and science continue to evolve forces that affect architecture and thus require new responses, and how such a response can be extrapolated from information—specifically, in this case, information from botanic or other natural forms. I introduce concepts of digital visualization and surface modeling using Rhino 3D software as the primary tool for exercises in visualizing warped-surfaces. After introducing only a few maneuvers in Rhino, I immediately press students into the creation and production of a digital lexicon of forms at the same time that I'm outlining a view of how informa-

2. Louis H. Sullivan, *A System of Architectural Ornament: According with a Philosophy of Man's Powers*, Chicago, AIA, 1924.
3. www.xfrog.com
4. www.rhino3d.com

6. (Right, from top to bottom.) ESARQ Master in Genetic Architectures, 2003. First lexicon assignments drawn in Rhino. Gilberto Pérez, project based on heat. Edgar Mayor, project based on waves. Ernesto Bueno, project based on a pear seed. Mónica Nocedal, project based on a human eye. Einar Wahlstorm, project based on music. Lois Hagmüller, project based on a human hand.

ESARQ Màster en Arquitecturas Genéticas, 2003. Primeros ejercicios para crear un "lexicón" dibujado con Rhino. Gilberto Pérez, proyecto basado en la variable calor. Edgar Mayor, proyecto basado en las olas. Ernesto Bueno, proyecto basado en las semillas de pera. Mónica Nocedal, proyecto basado en un ojo humano. Einar Wahlstorm, proyecto creado a partir de música. Lois Hagmuller, propuesta realizada sobre la mano humana.

primaria para el ejercicio de visualización de superficies complejas. Después de introducir solamente uno pocos movimientos en Rhino, presiono inmediatamente a los estudiantes hacia la creación y producción de un *lexicón* de formas digitales al mismo tiempo que ofrezco una visión de cómo la información puede ser extraída de los datos; específicamente como Louis Sullivan en *A System of Architectural Ornament* puede ser leído como un documento radical, encontrando la integración de la información botánica y orgánica, que tienen ahora la oportunidad de ser usadas para generar nueva arquitectura. Considerando el trabajo de Sullivan como una fuente para extrapolar técnicas de mapeado gráfico, superposiciones de geometrías y crecimiento botánico, los cuales son todos apropiados para el diseño digital, guío a los estudiantes hacia un camino de investigación independiente para generar formas y buscar las propiedades estructurales específicas de su objeto natural escogido. El histórico trabajo de Sullivan constituye no solamente un campo teórico sino, metafóricamente, constituye la semilla para considerar nuevos procedimientos digitales para investigar formas básicas y estructurales, ambas comprensibles en los mundos analógico y digital.

Mi aproximación de introducir botánica y/o vida orgánica en un contexto de un *lexicón* generador basado en el *System* de Sullivan—en conjunción y simultáneamente con Rhino—tiene el resultado, generalizando, de orientar a los estudiantes hacer un acercamiento a priori al diseño y los avanza hacia su extracción visual y estructural de información de la naturaleza, información que luego sugiere formas impredecibles y más tarde se convierten en proyectos singulares.

En su primer acto biomimético, los estudiantes seleccionan un aspecto de un sistema de operativa natural y se apropian de lo que les es interesante para crear una serie de ideas de trabajo que luego ellos van a interpretar en esbozos a mano, y luego, dibujando en Rhino. Esta relación de elementos naturales con una producción digital, los sitúa en pos de crear su propio léxico arquitectónico digital basado en, por ejemplo, células, plantas, conchas, flores, rocas, etc. (Fig. 6 y páginas 19, 42, 65, 66, 67, 69, 82, 86, 87, 109). Obligados también por el desarrollo de un léxico, se profundiza en la investigación del espacio encapsulado por formas no-lineales, pero relacionad también con

tion may be extracted from data; specifically, how Sullivan's *A System of Architectural Ornament* may be read as a radical document founding the integration of botanic and organic information, which in turn may be used to generate new architecture. Considering Sullivan's work as a source for extrapolating techniques of graphic mapping, overlaying of geometries, and botanic growth, which are all appropriate for digital design, I guide students along a path of independent research into design and structural properties specific to their chosen natural object. Sullivan's historic work therefore constitutes not only a theoretical grounding but, by metaphor, the seed of consideration of new digital procedures for investigating basic forms and structures, comprehensible in both analog and digital worlds.

My approach to introducing botanic and/or organic life in a context of a generative lexicon based on Sullivan's *System*—in conjunction and simultaneously with Rhino—has the general result of orienting students away from an a priori approach to design and leads them to extracting visual and structural information from nature, information which then suggests unpredictable forms that lead on to completely idiosyncratic design projects.

In their first biomimetic act, students select an aspect of a natural operating system and appropriate what is interesting to them in order to create a working set of ideas, which they then interpret, first in sketches done by hand, then drawings created with Rhino. This linking of natural elements to digital production leads the students into the creation of their own digital-architectural lexicon based, for example, on cells, plants, shells, flowers, rocks, etc. (Fig. 6 and pages 19, 42, 65, 66, 67, 69, 82, 86, 87, 109) Impelled by developing a lexicon, they deepen their investigation of space as encapsulated in non-linear forms as well as related non-linear structures: branching, curving surfaces, translucency, etc. By means of lectures and exercises, Pérez Arnal and I then intensify the students' introduction to the environment, materials, and production techniques while also introducing them to experts from various areas of industry where advanced production is fully utilized and understood—e.g., software, nautical, automotive, or aircraft design.

After presenting advanced manufacturing and its potential relationship to architecture, I introduce rapid

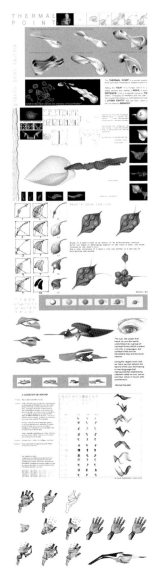

las estructuras no-lineales, con ramificaciones, superficies, efectos de translucidez, etc. Pérez Arnal y yo luego intensificamos su introducción en el entorno, materiales, y técnicas de producción con conferencias invitadas y ejercicios mientras se aprovecha a expertos de diversas áreas de la industria donde la producción avanzada está totalmente utilizada y comprendida — por ejemplo, sólo cabe visitar disciplinas como náutica, automoción o diseño aeronáutico. (En un caso notable, un estudiante de las clases del máster celebrado en la 2ª edición de 2002, Fernando Paredes, no sólo generó una arquitectura basada en el cráneo de un animal para su proyecto final, sino que al año siguiente y derivando estas imágenes, con la casa-cráneo que diseñó, logró una mención en una competición para *Peugeot*, relacionado, aunque independientemente, con el diseño automovilístico.

Después de la presentación de la manufacturación avanzada y su relación potencial con la arquitectura, introduzco el modelaje rápido y la estereolitografía. Utilizando la modeladora de 3D Systems "Thermojet Solid Object" de la misma escuela de arquitectura, los estudiantes son invitados a realizar maquetas físicas directamente desde archivos Rhino. Ellos, luego, experimentan la manufactura de un sólido en 3D desde su trabajo digital, contrastando cómo los futuros desarrollos de modelización rápida van a resultar en la ejecución directa de elementos arquitectónicos como monocascos, paneles exteriores, o conectores estructurales. Más tarde, convirtiendo los espacios virtuales en físicos, la modeladora Thermojet construye sus primeros ejercicios hechos en Rhino —pero en cambio la visualización con el espacio virtual del software, los estudiantes ven ahora sus proyectos como modelos físicos en un mundo físico y el proceso de visualización incluyendo la producción avanzada en un mundo virtual—. (Fig. 7) De forma instantánea, los estudiantes vuelven del mundo digital al analógico en el que diseñan los modelos de la Thermojet, creando un léxico de elementos-forma para un desarrollo posterior .

Galería H$_2$O

Para hacer público mi trabajo independiente de diseño, colaboro frecuentemente en periódicos, publico libros sobre diseño y participo u organizo exposiciones de los resultados de mis

prototyping and stereolithography. Using ESARQ's 3D Systems Thermojet Solid Object Printer, students realize physical models directly from their Rhino files, thus experiencing the manufacture of a 3D solid directly from their digital work and recognizing how future developments in rapid prototyping will likely result in the direct manufacture of architectural elements such as monocoques, exterior panels, or structural connectors. Furthermore, by making virtual spaces physical, the Thermojet printer manifests the first exercises done in Rhino; but instead of visualization within software's virtual space, the students now see their designs as physical models in the "real" world and the process of visualization as including advanced production. (Fig. 7) In short, the students return the digital to the analog world in which they began.

7 (Left from top to bottom). ESARQ Master in Genetic Architectures, 2003. Early Thermojet models. (From top to bottom.) Ernesto Bueno, project based on a pear seed. Sergio Royuela, project based on a spider web. Mónica Nocedal, project based on a human eye. Gilberto Pérez, project based on heat. Einar Wahlstørm, project based on music. Katherine Jafe, project based on coral. Edgar Mayor, project based on waves. Lois Hagmüller, project based on a hand.

Máster en Arquitecturas Genéticas, ESARQ UIC, 2003. Primeras maquetas realizadas en ThermoJet. (De arriba a abajo) Ernesto Bueno, proyecto basado en una semilla de pera. Sergio Royuela, proyecto basado en una tela de araña. Mónica Nocedal, proyecto basado en un ojo humano. Gilberto Pérez, proyecto basado en calor. Einar Wahlstørm, proyecto creado a partir de música. Katherine Jofre, proyecto basado en coral. Edgar Mayor, proyecto basado en olas. Lois Hagmuller, propuesta realizada sobre una mano.

Galería H$_2$O

To make public my independent design work I frequently contribute to journals, publish books on design, and participate in or organize exhibitions of the results of my investigations. Galería H$_2$O, with which I am associated in Barcelona, has a long, distinguished tradition of supporting and exhibiting architecture, industrial design, and photography. From the beginning of my teaching at ESARQ the gallery has understood that my classes are an integral part of my research and function as a laboratory for generating, elaborating, and enhancing The TumbleTruss Project. In this sense, H$_2$O has understood that by exhibiting studio work created in my class the gallery exhibits a branch of work that I had previously collaborated on and produced with H$_2$O. Regarded in this light, there has been a direct relationship, a mutuality, a growing of ideas between the gallery, me, and my classes at ESARQ in the development and presentation of architectural thought and design concepts. (Figs. 8 & 9)

8. Galería H$_2$O exhibition 2001. Interior view of project panels and models.

Exposición de 2001 en la Galería H$_2$O. Vista de los paneles de los proyectos y las maquetas en el interior.

As publishers of my book *El Proyecto TumbleTruss / The TumbleTruss Project*, H$_2$O's directors, Joaquim Ruiz Millet and Ana Planella (see page 110) immediately understood that they were supporting the growth of one of their artists while, at the same time, supporting both the idea that new architectural visualization could, theoretically, affect the physical space of the gallery itself and also present a system of design rare in the Barcelona scene. In this way the gallery's building, its historic 1910 façade, interior, and beautiful garden became a critical

investigaciones. La Galería H_2O, con quien estoy asociado en Barcelona, tiene una larga y distinguida tradición de promover y mostrar arquitectura, diseño industrial y fotografía. Desde el comienzo de mis clases en la ESARQ, la galería ha comprendido que las clases son una parte integral de mi investigación y función como un laboratorio de ideas para elaborar y desarrollar el proyecto The TumbleTruss. En este sentido, H_2O ha entendido que exhibiendo el trabajo de estudio creado en mi clase, la galería exhibe una línea de trabajo en el que previamente ya colaboré y produje con H_2O. Mirado desde este punto de vista ha habido una relación directa, un contacto mutuo, un crecimiento de ideas entre la galería, yo y mis clases en la ESARQ sobre el desarrollo y la presentación del pensamiento arquitectónico y conceptos de diseño.

Como editores de mi libro *El Proyecto TumbleTruss / The TumbleTruss Project*, los directores de H_2O, Joaquim Ruiz Millet y Ana Planella (mirar ensayo en página 110) inmediatamente entendieron que ellos estaban promoviendo el crecimiento de uno de sus artistas mientras al mismo tiempo apoyaban ambos la idea de que la nueva visualización arquitectónica puede, teóricamente, afectar el aspecto físico del espacio de la galería misma y también presentar un sistema de diseño alternativo en la escena de Barcelona. En este contexto, la situación de la galería, su fachada histórica datada en 1910, su interior y bonito jardín se convierte en un ingrediente crítico en el proceso de diseño de los estudiantes que se encuentran dando a la galería física un lugar para revisualizar. Este proceso llega a la conclusión lógica que los diseños de la galería revisualizada tienen que ser percibidos en el contexto de la galería misma, y de hecho encabezan la primera muestra en marzo de 2001, y seguidamente en 2002 y 2003. (Figs. 8 y 9)

EcoTono Digital
Antes de la primera exhibición H_2O en 2001, supe que un colega, Alfonso Pérez-Méndez, de la Universidad de Florida, Gainesville, iba a dirigir algunos estudios avanzados para algunos de sus estudiantes universitarios que estaban participando durante un semestre en un taller en Vicenza, Italia. Los estudiantes han tenido un interés especial en la visualización del programa Rhino, y Pérez-Méndez y yo teníamos intereses comunes en la generación de diseño digital basado en un *lexicón*, así como otras

ingredient in the process of design for students who were given the physical galley as a site to revisualize. This process lead them to the logical conclusion that the revisualized gallery designs should be seen in the context of the gallery itself and, in fact, led to the first show in March 2001, and to following shows in 2002 and 2003.

Digital EcoTone

Before the first H_2O exhibition in 2001, I came to understand that a colleague, Alfonso Pérez-Méndez, at the University of Florida, Gainesville, was going to direct some advanced studies for several of his university's students who were participating in a semester-abroad program based in Vicenza, Italy. Considering that the students had an interest in the Rhino visualization program and that Pérez-Méndez and I had common and overlapping interests in the generation of digital designs based on a lexicon, in Rhino, education, and theory we decided to attempt an e-studio that triangulated the students in Italy, Pérez-Méndez in Gainesville, and me in Barcelona. Creating this sort of educational e-space, we looked to the metaphor of overlapping natural eco systems and attempted to create a digital ecotone. An ecotone constituted as a teaching and design environment with a fluidity of timing (almost dictated by the different time-zones) but also with scheduled classes, assignments, discussions, and with the stipulation that the students participate in the Barcelona class digitally, and that they would actually visit Barcelona at the end of the term to take part in the exhibition at H_2O. (See Pérez-Méndez's article page 88.)

Teaching as Research

By offering this sketch of The TumbleTruss Project (and its hybrid, the hypothesis for digital-botanic architecture) as well as aligning it with a sketch of the master class, I aim at outlining a concrete image of the seeding, growing, and nurturing of ideas collaboratively accomplished by the students under the guidance of Pérez Arnal and me. In my view, the independent research and teaching that I have embraced are experiments in connecting, developing, or helping develop, a way of thinking about form and structure derived from technology and living organisms or natural artifacts. But the most important goal, by far, is to reorient design

areas de interés como el Rhino, la educación... Y teóricamente decidimos intentar un *e-studio* que se triangulizaba entre los estudiantes en Italia, Pérez-Méndez en Gainesville, y yo en Barcelona. Creando este tipo de espacio virtual educativo miramos hacia la metáfora de superponer ecosistemas naturales y probamos el crear un ecotono digital. Un ecotono desarrollado al ir enseñando y diseñando entornos con una fluidez de coordinación (dictada por las diferentes zonas horarias) pero completado con clases, tareas, discusiones y estipulando que los estudiantes participarán digitalmente en paralelo en las clases de Barcelona y visitarán Barcelona al final del trimestre para participar en la exposición en H_2O. (Ver el ensayo de Pérez-Méndez y las ilustraciones de las páginas 88-108.)

Aunque no hemos repetido este *e-estudio* es concebible que lo hagamos en poco tiempo. Ha demostrado y nos ha enseñado cómo hemos de enseñar en el descarnado reino de la comunicación electrónica donde la facilidad de enviar material está condicionada por la necesidad (al menos en nuestra intención inicial) de escribir largos mensajes y traduciendo el material de lectura en *e-mails* que añaden una carga de trabajo en los estudiantes y profesores y que no existe en clases donde las lecciones, discusiones y respuestas inmediatas no se hicieron por la necesidad de escribir comunicaciones escritas.

Enseñar como Investigación
Ofreciendo este "sketch" del Proyecto TumbleTruss (y su híbrido, la hipótesis para la arquitectura botánico-digital) y alineándolo con un croquis de la clase de máster, yo animo a desarrollar una imagen concreta del nacimiento, crecimiento y floración de ideas cumplidas en colaboración por los estudiantes bajo la mirada de Pérez Arnal, Pérez-Méndez y yo. Desde mi punto de vista, la investigación independiente y la enseñanza que hemos apoyado son experimentos a conectar, a desarrollar o a ayudar a evolucionar; son una manera de pensar sobre forma y estructura derivados de la tecnología y organismos vivos o artefactos naturales. Pero de lejos, lo más importante es probar de reorientar los procesos del diseño, intentando reevaluar y aceptar *software* e información, no meramente como herramientas sino como entes colaboradores en la generación de diseño e incorporando estas evaluaciones en un proceso que también incorpora las posibilidades del modelado

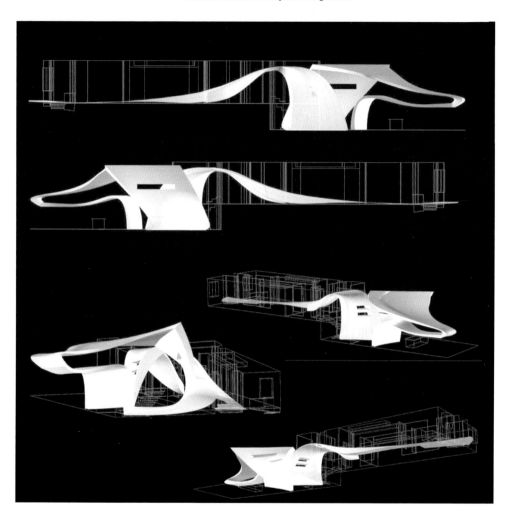

9. Genetic Architectures Master Program, 2003. Lois Hagmûller
Hand lexicon. Rhino drawing for Gallery H_2O

*Máster de Arquitecturas Genéticas, 2003. Lois Hagmûller
Lexicón de una mano. Dibujos en Rhino por Galería H_2O*

rápido así como la manufactura en máquinas.

Las ideas que estoy intentando realizar físicamente en mis experimentos con formas botánico-digitales no son sustitutivos para las existentes —necesarias y útiles geometrías platónicas...; más bien, ellas son las bases para el camino de incorporar más superficies complejas, nidos, *clusters* y ramas, los cuales pueden ser apropiados de la naturaleza, visualizados digitalmente y luego producidos físicamente como parte de un ecotono arquitectónico que los límites con la ciencia y la computación han solamente empezado a clarificarse. Veo mi trabajo, no como un intento de recrear una forma natural, pero sí como forma de interpretar una poética biológica y una función técnica, alojando, por ejemplo, la curvatura de un cráneo para ser considerado como base formal para que un edificio funcione, que eventualmente, puede incluir sistemas de sensores permitiendo al "cerebro" arquitectónico cerrarse o abrirse, intercambiar CO_2 por oxígeno, etc. en respuesta a la condiciones medioambientales. O, por ejemplo, una poética que permita una disociación para la cual he trabajado al menos durante diez años: cómo la información que puede ser recolectada de una *Salsola kali* puede ser luego incorporada en estructuras construibles con un ojo no meramente fijado en la eficiencia pero también en la nueva articulación del espacio.

Mientras haya una gran comprensión, a través de la investigación y experimentación, del espacio virtual y el espacio analógico como aspectos recíprocos la arquitectura experimental está siendo realizada a través de la percepción. De una forma física en híbridos virtuales y en mundos análogos, y mientras los sensores medioambientales son más y más eficaces, la automatización y la inteligencia para construir muy poca investigación arquitectónica parece hacer desaparecer las plantas y la vida medioambiental —tal y como el potencial de la información del ADN está perdido para siempre en especies extinguidas, así pues también es biomiméticamente potencial y algo funcionalmente perdido. No pienso que los edificios tengan que parecerse a plantas u organismos biológicos pero pueden funcionar como ellos —moverse, transferir aire y humedad, filtrar polución, reorientar sus pieles, modificar el calor y el frío, alertar a los ocupantes de cambiar las condiciones sociales y medioambientales, entretener, etc—. Es aquí, donde un ecotono digital y analógico de ciencia botánica, computando nuevos materiales y diseños de visualización, puden ser investigaciones independientes o enseñanzas hacia delante, y yo espero contribuir en la arquitectura genética.

Translated by Ignasi Pérez Arnal & Esteve Solà

processes, attempting to re-evaluate and accept software and information, not merely as tools but as equal collaborators in generating design and incorporating such evaluations in a view that also includes the possibilities of rapid prototyping and machine manufacturing.

The ideas that I am trying to realize physically in my experiments with digital-botanic form are not replacements for existing, necessary, and useful Platonic geometries; rather, they are the basis for a way of incorporating more complex surfaces, nests, clusters, and branches, which can be appropriated from nature, digitally visualized, and then physically produced as part of an architectural ecotone whose boundaries science and computing have only begun to clarify. I see my work as an attempt to interpret a biological poetic, not as an attempt to recreate a natural form. I aspire, to take a concrete example, to the consideration of a leaf's curling as the basis for the curving of a building, functioning like a leaf that, eventually, may include sensor systems enabling the architectural leaf to open and close in response to environmental conditions. Or, for another example, a poetic that will permit an extraction that I have worked on for almost ten years: how the information harvested from a tumbleweed can be incorporated into built structures, with an eye not merely to efficiency but also to the new articulation of space.

While there is greater and greater understanding, through research and experimentation, of virtual space and analog space as mutual aspects; and while, experimental architecture is gradually being realized perceptually and physically in hybrid-virtual/analog worlds; and while sensor environments are promising more and more convenience, automation, and intelligence for building, very little architectural research yet looks to disappearing plant and environmental life. Just as potential DNA information is forever lost when a species becomes extinct, so too is biomimetic potential and observational or extractable functioning lost. I have no thought of buildings looking like plants or biological organisms, but buildings could function like such vegetation or organisims—move, transfer air and moisture, filter pollution, reorient skins, modify heat and cold, alert occupants to changing social and environmental conditions, etc. It is here, within a digital and analog ecotone of botanical science, computing, new materials, and design visualization, that I see both independent research and instruction leading toward and, I hope, contributing to a dialogue on genetic architecture.

Dennis Dollens is the founding editor of SITES Architecture and SITES OnLine and the director of the biannual conference Digital to Analog. His latest book, *D2A: Digital to Analog,* considers the vision and use of technologies in works by Gehry, Ito, Calatrava, Lynn, Cache, Brown, and Novak. His other books include *The TumbleTruss Project*, *Exodesic: Structures Tumbleweeds Electronics,* and *Josep Maria Jujol: Five Major Buildings*. He is a professor in the Genetic Architectures program at ESARQ, UIC.

Dennis Dollens es el fundador de SITES Architecture y SITES OnLine y director de la conferencia biannal De lo Digital a lo Analogico. Su ultimo libro, De lo digital a lo analógico, considera la decisión y uso de las últimas tecnologías en los trabajos de Gehry, Ito, Calatrava, Lynn, Cache, Brown y Novak. Sus otros libros incluyen The TumbleTruss Project y Exodesic: Structures Tumbleweeds Electronics. Es profesor de Arquitecturas Genética en ESARQ UIC.

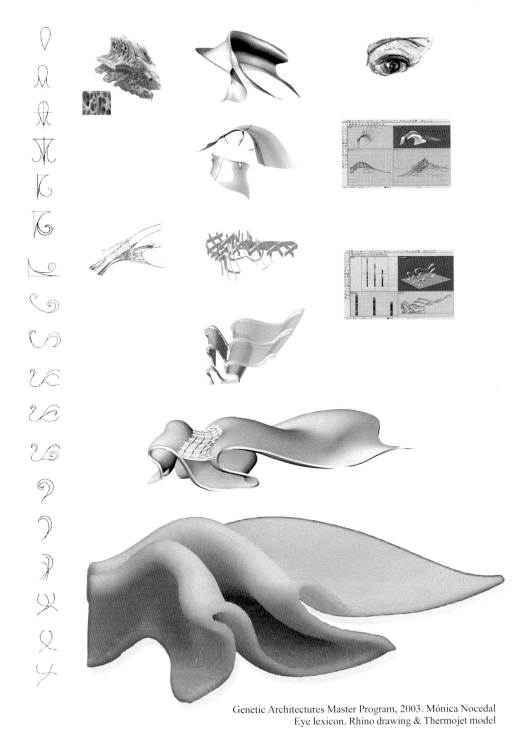

Genetic Architectures Master Program, 2003. Mónica Nocedal
Eye lexicon. Rhino drawing & Thermojet model

*Máster en Arquitecturas Genéticas, 2003. Mónica Nocedal
Lexicon de un ojo dibujo en Rhino y maqueta de Thermojet*

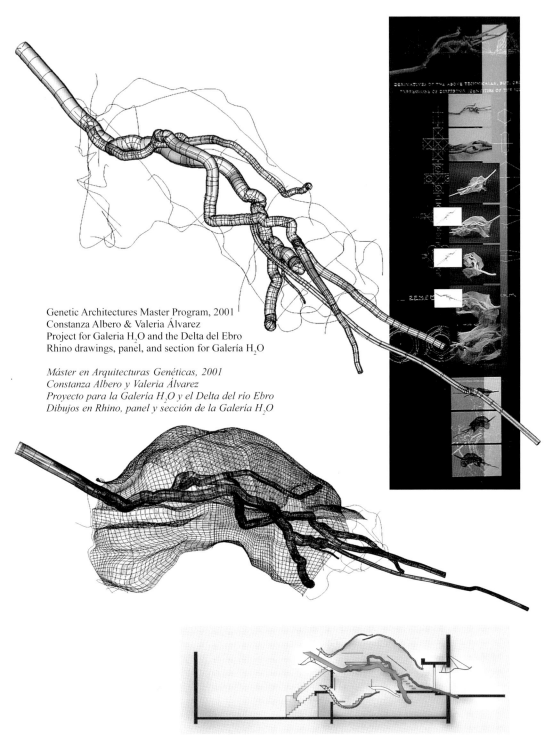

Genetic Architectures Master Program, 2001
Constanza Albero & Valeria Álvarez
Project for Galería H_2O and the Delta del Ebro
Rhino drawings, panel, and section for Galería H_2O

Máster en Arquitecturas Genéticas, 2001
Constanza Albero y Valeria Álvarez
Proyecto para la Galería H_2O y el Delta del río Ebro
Dibujos en Rhino, panel y sección de la Galería H_2O

Experiencia(s) **Digital**(es)
Alfonso Pérez-Méndez

> Considerando el presente, diría que
> es el software el que controla la situación.
> Greg Lynn, *Entrevista*

> *[El ordenador] es una herramienta que nos ofrece un nuevo*
> *mundo de posibilidades, pero que no define cuales de las formas que*
> *genera tienen el interés suficiente para hacerlas realidad.*
> Bernard Cache, *Dragones Digitales*

Han pasado ya años desde que el ordenador entró en el territorio de la arquitectura. La mayoría de nosotros, sin embargo, incluso los que nos hemos comprometido a considerar las implicaciones de la arquitectura digital, permanecemos —por así decirlo— observando desde lejos las superficies que generamos sin atrevernos a considerar los nuevos caminos que nos abren. La mayoría de nuestros experimentos se quedan en el nivel de visualización, limitándonos a volar sobre las últimas etapas de nuestros procesos de diseño con nuevas versiones —quizás elegantes pero conceptualmente arcaicas— de la vieja vista de pájaro. Para la mayoría de nosotros el ordenador continúa excluído de nuestros procesos de concepción del diseño.

Hasta el otoño escolar del año 2000, en los experimentos que había dirigido en el marco que me ofrece la Universidad de Florida (UF), ésa era exactamente mi situación. En ese momento estaba trabajando con estudiantes avanzados en un taller de proyectos dedicado a considerar los territorios alrededor del "strip", la carretera interminable que en nuestras comunidades, sobre todo en el sur de los Estados Unidos, actúa como puede de espacio público. La premisa sobre la que el taller trabajaba era el empleo de FormZ —un programa de visualización tridimensional popular en las escuelas de arquitectura de los Estados Unidos— en el análisis de la información generada por el Geoplan Center —un centro de nuestra universidad especializado en sistemas de información geográfica computerizada (SIG). El objetivo del taller era visualizar arquitectónicamente un problema que por su extensión y vaguedad es visualmente incomprensible con sistemas

Digital Experience(s)
Alfonso Pérez-Méndez

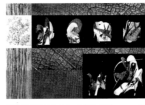

> At this point, I would have to say that it is the software making the calls.
> Greg Lynn, *Interview*

> [The computer] is a tool that offers us a whole set of possibilities, but doesn't designate which of these possible shapes are interesting to make real.
> Bernard Cache, *Digital Dragons*

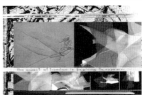

It has been years since the computer entered architecture. Most of us, however, even when committed to dwell on the implications of digital architecture, remain—so to speak—removed from the surfaces that we create and reluctant to enter their potential. Most of our testing stays at the level of visualization, flying over the later stages of our design processes with bird's-eye views, elegant, but perhaps conceptually archaic. Meanwhile, for the majority of us, the computer continues to be excluded from our processes of inception.

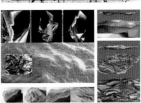

Results from lexicon generative exercises #1 and #2. Fig. 1. Teran D. Evans. Fig. 2. Nigel M. Joseph. Fig. 3. Justin G. Moore. Fig. 4. Teman D. Evans.

Resultados de los lexicones como ejercicios de generación #1 y #2. Fig. 1. Teran D. Evans. Fig. 2. Nigel M. Joseph. Fig. 3. Justin G. Moore. Fig. 4. Teman D. Evans.

Up to the fall semester of 2000, in the experiments conducted within the framework offered by the University of Florida School of Architecture (UF), that was certainly my case. I was working with an advanced design studio considering Southern USA's vague territories around strip development. The premise of the studio was to employ FormZ—a modeling program widely introduced in US schools of architecture—in working with information from our Geoplan Center, which specializes in geographic information systems (GIS). The goal was to digitally visualize, in architectural terms, a problem whose extension and vagueness render it otherwise incomprehensible. Although the results were partially satisfactory, my evaluation was that the use of the computer in the process did not transform in any structural way traditional approaches to the problem of the strip. One dreams, after all, of tools that promote a physical meditation on the patterns of the territory in ways that both question its structural logic and spark untried thinking about its potential for change. (Results from the strip studio available online at http://www.negativedesign.net/thought/turf.htm, http://

tradicionales. Aunque los resultados del taller fueron parcialmente satisfactorios, mi evaluación reconocía que el proceso seguido con el ordenador no transformaba de manera estructural las aproximaciones tradicionales a este problema. Uno sueña, al fin y al cabo, en herramientas que favorezcan una meditación sobre la forma física del territorio; herramientas que al mismo tiempo que nos ayuden a cuestionar sus lógicas estructurales, nos faciliten nuevas ideas sobre sus posibilidades de cambio constructivo. (Algunos resultados del estudio están disponibles a través de Internet en las direcciones http://www.negativedesign.net/thought/turf.htm, http://negativedesign.net/thought/potential.htm, y http://www.negativedesign.net/thought/stripblur.htm).

Coincidiendo en el tiempo con este taller, la correspondencia electrónica que desde la pasada década mantengo con Dennis Dollens estaba intensamente dedicada a discutir el potencial educativo del Proyecto TumbleTruss, proyecto que organiza conceptualmente su práctica proyectual. La Universitat Internacional de Catalunya en Barcelona (UIC) le había invitado a dirigir un taller en su Programa Master de Arquitecturas Genéticas, y Dollens estaba considerando una secuencia de ejercicios que introdujeran la idea de una arquitectura genética a un grupo de estudiantes avanzados. Aunque empezando desde orígenes diferentes, el interés de Dollens en arquitectura genética y el proyecta digital y el mío en los procesos de diseño y educación de la arquitectura confluían por aquel entonces en nuestra correspondencia. En Junio del 2000 Dollens proponía:

> *"He empezado a considerar ideas para el estudio Barna y me pregunto si en los meses próximos te puedo mandar algunas para recibir tus opiniones. Quiero trabajar en varios ejercicios a nivel básico que al mismo tiempo que creen grupo de una selección variada de estudiantes, les hagan entender que un taller de diseño puede ser productivo tanto en la conceptualización y el uso de las herramientas de diseño como lo es en la producción de imágenes y formas. Debajo de la superficie, quisiera trabajar con el tema de la arbitrariedad en la forma, y con el tema de como podemos expandir un pensamiento o*

negativedesign.net/thought/potential.htm, and http://www.negativedesign.net/thought/stripblur.htm).

Parallel to that class, my decade-long electronic correspondence with Dennis Dollens was at that moment intensely engaged in a discussion of the educational potential of his ongoing TumbleTruss Project. Dollens had been invited by Universitat Internacional de Catalunya in Barcelona (UIC) to give a studio within their Genetic Architecture Master Program and was considering a sequence of exercises to introduce students to the idea of genetic architecture and to digital research. Although starting from different origins, Dollens's interest in digital architecture was merging with my interest in the processes of architectural design and education. In June 2000, Dollens had proposed:

> I've begun to play with some ideas for the Barna studio and wonder if over the next few months I can run a few things by you for opinions. I want to work on several entry-level exercises to bring a group together and understand that the design studio can be as much about thinking and using tools as it is about producing images and forms. Under the surface, I want to be dealing with arbitrariness in forms, with how to expand a thought or vision into a form and how to extrapolate from the computer, eventually leading to a better understanding of tool, cyberspace, and materiality.
>
> I've started to work on some assignments. I'm creating a transparent cube in Rhino, exploding it and sketching on each of the squares, then lofting or creating surfaces from edge curves to the parallel square. A series of exercises will lead students to create arbitrary surfaces; but keeping it within a cube makes an easy transition to discussing the created spaces as architectural components structuring space. The thought is to develop the work in the cube with some sort of environmental information.
>
> I'm wondering what you think of such an exercise. Specifically, does it seem limited?

Dollens proposed working from the beginning with the space-

Results from environmental exercise # 3
Fig 5. Teran D. Evans.

Resultados del ejercicio ambiental # 3
Fig. 5. Teran D. Evans.

intuición hasta que entra en el terreno de la forma. Me gustaría, por ultimo, extrapolar la información que el ordenador genera, dirigiéndola hacia un entendimiento mejor de la herramienta en sí misma, del espacio cibernético y de la materialidad.

He empezado a trabajar en varios ejercicios específicos. Empiezo creando un cubo transparente en Rhino, para después desplegar sus caras y croquizar en cada uno de los cuadrados resultantes. Después propongo someter estos dibujos lineales a transformaciones de Rhino que generen superficies curvas que a su vez recompondrán el cubo. Una serie de ejercicios anteriores y posteriores enseñarán a los estudiantes como crear y conceptualizar superficies arbitrarias; pero el conservar la idea organizativa del cubo quizás facilite la transición a la discusión de las superficies generadas como elementos arquitectónicos capaces de estructurar el espacio.
La idea es desarrollar posteriormente el cubo a través de algún tipo de contexto que someta el cubo a presiones ambientales.
Me pregunto qué opinas de este tipo de ejercicio, especialmente si lo consideras limitado."

Dollens sugería trabajar desde un principio con las implicaciones de las superficies generadas en el ordenador en la creación y estructuración del espacio. Mi respuesta reconocía su estrategia como ideal en su habilidad de contrarrestar el problema general del proyectar digital —que mi taller dedicado al "strip" también padecía— de enfatizar solamente el aspecto de la visualización:

"Hablando de tu ejercicio, la idea del "cubo" se refiere generalmente a exploraciones que eliminan un número de parámetros provocando el énfasis en otros. Los ejercicios con el cubo como soporte fueron históricamente generados (por los Texas Rangers y demás) para enfatizar la comprensión de ideas espaciales. En tu caso sin embargo, el potencial innovador es que los estudiantes se pueden concentrar directamente en conceptualizer estructuras espaciales —¿orgánicas?— liberándose del

structuring implications of computer-generated surfaces. My answer acknowledged such strategy as ideal to counteract my studio's problematic emphasis on strict surface visualization:

> Regarding your exercise, the "cube" stands for the elimination of some parameters provoking emphasis on others. "Cube" exercises were historically generated (Texas Rangers, et al. . . . .) to emphasize the understanding of space. In your case, however, the potential seems to be that the students can concentrate on conceptual—and organic?—spatial structure liberated from direct application. That can, eventually, lead toward inventive extrapolations of structural and conceptual organization of architectural space.
>
> Regarding the limitations of the exercise, it all depends on the conceptual context. I believe that an architectural exercise at this level must balance a clear set of proposed operations and a broad conceptual framework. The framework of your presentations will ultimately be responsible for opening the exercise and provoking unpredictable thought in the students. I agree with Siza's dictum: "Regarding the training of the architect, you have to maintain a kind of nebulousness, which is not ignorance or naiveté, in order to escape from the inevitable application of inflexible knowledge."

Since Dollens's strategies seemed to deal with the weaknesses of our strip class, I posted his proposals into my class's e-mail interchanges, asking my students' opinion about the exercise's potential. Student Justin Moore's response, included here, exemplifies the favorable tone of the comments:

> Given our particular experience at UF, a cube project applied to the computer seems completely valid. It seems that it would be a clear medium with which to explore the possibilities and implications of surface as well as space. Without the inhibition of a functional program or clear objective (cause for some, like myself, to act rigidly) the exercise could yield some interesting results that could be

Results from environmental exercise # 3
Fig. 6. Nigel M. Joseph.

Resultados del ejercicio ambiental # 3
Fig. 6. Nigel M. Joseph.

uso de la escala y de cualquier aplicación directa. Esto puede generar, con el desarrollo del estudio, extrapolaciones conceptuales inventivas de estructuras organizativas del espacio arquitectónico.

En cuanto a las limitaciones del ejercicio, todo depende del contexto que ofrezcas. Creo que un ejercicio a este nivel debe equilibrarse entre un conjunto claro de propuestas operacionales y un amplio contexto conceptual. El contexto conceptual creado por tus presentaciones será responsable de la apertura del ejercicio y de la provocación de pensamiento impredecible por parte de los estudiantes. Estoy de acuerdo con lo que Siza dijo en una entrevista reciente: "respecto a la formación del arquitecto, creo que hay que mantener una especie de nebulosa que no es ignorancia ni ingenuidad, para escapar a la inevitable aplicación de unos supuestos conocimientos sólidos."

Puesto que las estrategias de Dollens parecía que superaban algunas de las limitaciones de nuestro taller sobre el "strip", empecé a copiar sus propuestas y nuestras conversaciones en los intercambios de correo electrónico compartidos por nuestro grupo, requiriendo la opinión de mis estudiantes sobre el potencial del ejercicio. La respuesta del estudiante Justin Moore's que incluyo aquí ejemplifica el tono favorable de los comentarios:

"Considerando nuestra experiencia particular en UF, un "cubo" aplicado al ordenador parece totalmente válido. Parece que se convertiría en un medio adecuado para explorar las posibilidades e implicaciones tanto de las superficies como de los espacios generados por el ordenador. Sin las inhibiciones de un programa funcional o un objetivo claro (causa de que algunos como yo actúen de una forma rígida) el ejercicio podría producir resultados interesantes que podrían utilizarse después en los tipos de exploración que estamos considerando en el taller del "strip". Trabajar dentro del cubo puede producir la necesaria reconsideración de hábitos establecidos y de esa forma multiplicar el potencial que FormZ y otros programas de visualización tridimensional que estamos utilizando en nuestra clase pueden contener."

utilized later in the types of things we are doing in studio now. Working with the cube can produce the necessary breaking of habits that will explode the potential of the modeling programs, such as FormZ, that we are using.

On my students' part, interchanges led to keen interest in a possible collaboration over the Internet between Dollens and our class. Dollens's generosity, his willingness to share his research with us, equaled that of Ignasi Pérez Arnal, who shares responsibility with Dollens for the UIC studio's subject matter. Pérez Arnal's enthusiastic response to electronic cooperation—"It opens a new world. I think we have to understand that the future will pass through this way of giving-doing-receiving classes, so we have to try it"—was also supported by ESARQ UIC's Director, Alberto T. Estévez.

The collaboration took form as the virtual presence of a small UF group in Dollens's first Ecotone Studio at UIC, scheduled for the spring of 2001. Our part of the studio was conceived as a special studies class for three academic credits. We would follow a version of the UIC studio, filtered through my particular interests and our student's background.

The exercises and methods for the UF class did not differ substantially from Dollens and Pérez Arnal's proposals. As I will explain later, my theoretical framing, on the contrary, did have a shifted emphasis. Since tools were a crucial part of the studio we started by considering my students' previous experiences with other modeling programs. There was, however, a keen realization of Greg Lynn's dictum, quoted above, that under current conditions, digital thinking channels through the available software. We understood that the possibilities of the studio were the possibilities of the specific software chosen for the experience. For strategic reasons, then, we moved from our earlier base in FormZ toward experimenting with Rhino.

The studio was divided into three experiences. The first—and perhaps most important—focused on creating a digital lexicon of operations for generating digital surfaces. We identified operations that in working over a piece of information—a seed—create a surface with modified second-generation structural information. I required that the individual seeds chosen by the students had to contain structural/formal intuitive logics.

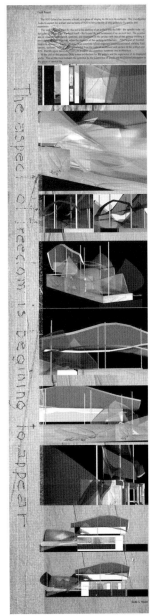

Results from environmental exercise # 3
Fig. 7. Justin G. Moore.

Resultados del ejercicio ambiental # 3
Fig. 7. Justin G. Moore.

La continuación de este tipo de intercambios condujo a una situación en que mis estudiantes manifestaron gran interés en una posible colaboración a través de Internet entre Dollens y nosotros. La Generosidad de Dollens, aceptando compartir sus investigaciones con nuestra clase, fue igualada por la de Ignasi Pérez Arnal —co-responsable de los contenidos del Taller de la ESARQ UIC. La respuesta entusiasta de Pérez Arnal a una colaboración entre las clases —*"abre un nuevo mundo. Creo que tenemos que entender que el futuro llegará a través de esta forma de dar-hacer-recibir educación, de forma que tenemos la obligación de intentar esta experiencia*—recibió también el apoyo del director de la ESARQ UIC Alberto T. Estévez.

La colaboración se materializó por nuestra parte en forma de presencia virtual de un grupo escogido de mis estudiantes en el primer Taller Ecotone que Dollens impartió en la UIC, taller que tuvo lugar en la primavera escolar del 2001. Nuestro curso lo concebimos técnicamente como una clase de las aquí llamadas de estudios especiales, por las cuales los estudiantes reciben hasta tres créditos escolares que contribuyen a los créditos requeridos de cursos electivos necesarios para graduarse. La idea fue seguir una versión del estudio de la UIC filtrada a través de mis intereses personales y de las experiencias particulares de este grupo de estudiantes.

La estructura y métodos de nuestro taller no se separaron substancialmente de los del taller de Dollens y Pérez Arnal. En el marco conceptual, como explicaré luego, introduje algún cambio. Consideramos en un principio si usar nuestra experiencia anterior con otros programas de visualización tridimensional. Nos dimos cuenta sin embargo de la fuerza del dicho de Greg Lynn incluido en la cabecera de estas notas en el que reconoce que, en las actuales circunstancias, cualquier pensamiento digital tiene que canalizarse a través de los programas de software disponibles. Entendimos que las posibilidades del estudio eran las posibilidades del software específico elegido para la experiencia. Debido a estas razones estratégicas nos trasladamos desde nuestra base previa en FormZ y empezamos a experimentar con Rhino.

El taller se dividió en tres experiencias. La primera —y quizás la más importante— se concentró en la creación de un vocabulario de operaciones digitales capaces de operar con una

Although I did not consider it indispensable, most of my students chose seeds from natural formations. The transformative Rhino operations—we used mainly "heightfield from bit map"—questioned but did not erase the logics of the seed. The goal was for these transformations to spark a challenging process of interpretation.

The second experience used the cube as a device for collecting the surfaces previously generated and then further transforming them. Making the surfaces interact with each other, we attempted a transition from structural patterns defined in surfaces to structural systems in space. The goal was that in forcing the surfaces into more complex spatial relationships, we would test their systemic potential. The third and final experiment used environmental conditions—a site—in order to submit the system to a forced dialog with external pressures.

Our theoretical shift from Dollens's ideas came from my particular reading of the idea of structure, which we explored through the related idea of "archi-tectonics," a concept with which our group had been working in the strip class and which is the leading idea behind my teaching and practice. Architectonics attempts to describe a kind of architecture that—from its inception to materialization—is and remains both construction and concept. We are ideologically close to what Josep Quetglás in his various writings about Enric Miralles has defined as a kind of "natural architecture," an architecture in which "building is not an auxiliary process that dissolves punctually and obediently to make the way for the form, all of which is prearranged in the project. Instead, construction is already architecture." I think that this idea of construction can exist independent of scale, that it can have the conceptual information necessary to work at many different scales.

I thought that *A System of Architectural Ornament*, Louis Sullivan's writings that Dollens proposed as a conceptual basis for the class, under the proper light, also helped to support our particular approach. I always have in mind Auguste Perret's dictum that Le Corbusier frequently repeated: "All great architectures of the past are not constructions that have been ornamented, but ornaments that have been constructed."

Components of my approach were, no doubt, in Dollens's thinking; it had been my self-assigned task in our long conversa-

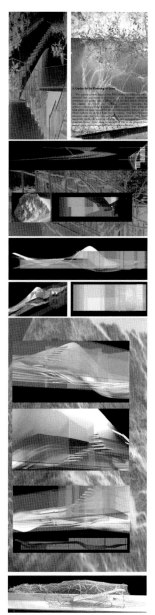

Results from environmental exercise # 3
Fig. 8. Teman D. Evans.

Resultados del ejercicio ambiental # 3
Fig. 8. Teman D. Evans.

pieza de información —lo que llamamos la "semilla"— y transformarla en una superficie con información estructural de segunda generación. Mi único requisito fue que las "semillas" —elegidas por mis estudiantes de manera individual— contuvieran una lógica formal y estructural intuitiva. Aunque no fue un requisito —y para el futuro no lo considero indispensable— la mayoría de mis estudiantes eligieron sus "semillas" del mundo de las formaciones naturales. Las operaciones de transformación de Rhino —mayormente "heightfield from bit map"— se eligieron en cuanto a su capacidad para generar superficies que cuestionaran las lógicas estructurales de la "semilla" sin eliminarlas por completo. El objetivo de estas transformaciones fue promover un proceso de interpretación que cuestionara e hiciera crecer las preconcepciones conceptuales de los estudiantes.

La segunda experiencia utilizó el cubo como un instrumento de relación que primero juntara las superficies generadas previamente y después empezara un nuevo proceso de transformación. El forzar a las superficies hacia relaciones espaciales más complejas pretendía explorar su potencial para convertirse en un sistema espacio-estructural. El tercer, y último, experimento de la secuencia usó condiciones ambientales —a través de un emplazamiento concreto— para someter el sistema a un dialogo forzado con las presiones externas.

Nuestro filtro a las ideas de Dollens consistió en mi énfasis especial en la idea de estructura, la cual exploramos a través de la idea asociada de "archi-tectonics" –usaré aquí este neologismo inglés que traduciría al castellano como "condiciones arquitectónicas intrínsecas". Este es un concepto con el cual habíamos estado trabajando en el taller del "strip" y que constituye la base tanto de mi sistema educativo como de mi práctica profesional. Uso la palabra architectonics como un concepto que intenta describir un tipo de condición arquitectónica que, desde el momento de la concepción hasta después de su materialización física, retiene su condición de concepto constructivo. Estoy con esta noción cerca de lo que Josep Quetglás en sus diferentes escritos sobre Enric Miralles ha definido vagamente como una "arquitectura natural"; una arquitectura donde, en las palabras de Quetglás, *"estar construyendo no es un trámite auxiliar, que se disuelve para dejar paso obedientemente a la forma, toda ella predispuesta*

tions previous to the Ecotone class to push him into a territory where, by accepting construction as a conceptual basis for his studies, both would be at ease. After receiving his recent book on the ongoing TumbleTruss Project in May 2000, just before the period covered in these notes, I had commented:

> *It seems to me that the idea of structural invention is central to your interests, more than the issue of form per se. The real discovery of The TumbleTruss Project is—for me—the idea of "dense structural space." And if you consider that your curves are only the result of the forces that are established, the warped nature of the surfaces is after all also structural.*

Here I was playing again with the dual sense of the structural as both constructional and conceptual (say, for example: the structure of a piece of writing or—why not?—of a territory). It had always been clear to me that the experiences proposed, as much in The TumbleTruss Project as in its transformation into a pedagogical/research project in the Ecotone class, were a fertile ground in which to explore the "natural architecture" included in my concept of architectonics.

My students' evaluation of the Ecotone class—again summarized here by Moore's comments—was that the usefulness of the studio lay in the digital lexicon and in the lexicon's relation with the structuring logic of our concept of architectonics:

> *The interest of the process comes not so much from a standard intervention program, but from the exercises developing a new set of tools and operations. The use of Rhino 3D stimulates new processes and possibilities for design generation via its specific capabilities for controlling surfaces. In this program, there is an intuitive approach in working with lines, surfaces, information, generations and permutations toward a design. The work/writings of Sullivan played an important role in conceptually legitimating in our minds our drawing processes. None of us (UF students) have previously enjoyed such possibilities in 3D modeling software. With these advantages, a new thinking/way of design emerges that incorpo-*

en el proyecto, sino que la construcción ya es arquitectura." Pienso como colofón que este tipo de concepto existe independientemente de la escala de su construcción, o quizás sea mejor decir que contiene posibilidades constructivas a una multitud de escalas.

También consideré que la serie de escritos de Sullivan "Un Sistema de Decoración Arquitectónica" que Dollens propuso para acompañar la clase, bajo la luz adecuada, también podría usarse para conceptualizar mi versión del taller. Recordaba el famoso dicho de Auguste Perret que Le Corbusier repetía: *"todas las grandes arquitecturas del pasado no son construcciones que han sido decoradas, sino decoraciones que han sido construidas."* El antiguo concepto de decoro tiene en este contexto unas implicaciones que siempre he considerado vigentes y profundas.

Componentes afines a este tipo de aproximación forman parte, sin duda, del pensamiento de Dollens. Al fin y al cabo la tarea fundamental que me había auto-asignado en nuestros largos intercambios previos al Taller Ecotone había sido empujarle hacia un territorio de proyecto en el que, al aceptar la construcción como base conceptual para sus experimentos, los dos encontráramos un terreno común de discusión. En Mayo del 2000, fecha justamente anterior al período cubierto en estas notas, al recibir un libro reciente dedicado a su Proyecto TumbleTruss que Dollens me había enviado, le comentaba:

> *"Me parece que la idea de invención estructural tiene que ocupar un lugar central en tus intereses por encima del tema de la búsqueda formal por sí misma. La invención más importante que veo aparecer en el Proyecto TumbleTruss es la idea de un "espacio de estructura densa". Si consideras, por otro lado que las superficies curvas tal como las generas resultan de la acción de fuerzas, su curvatura es, después de todo, también de origen estructural."*

Aquí estaba jugando una vez más con el doble sentido de la estructura tanto como construcción física como construcción mental (digamos como la estructura de un libro o —¿por qué no?— la estructura de un territorio). Siempre había estado claro para mí que las experiencias propuestas, tanto en el Proyecto

rates more structuring logic into the desires one has in a project, those that are often lost while working in traditional drawing/modeling methods.

I just wanted to say that this opportunity has been one of the best in my education. Working with Prof. Dollens and the UIC students was a positive and exciting experience.

Despite being convinced of the usefulness of the lexicon, our habits of work favored the environmental experience at the expense of the two generative exercises. The four final studio presentations exemplified here demonstrate the extent to which the site transformed the conceptual potential of the lexicon. We were not critical of this transformation; environmental thinking is, after all, a fundamental component of this process. We all agreed, however, that we would have liked to explore further the conceptual potential of the lexicon at its earlier stages.

With this caveat in mind, in the summer of 2001, in my post-facto evaluation of the Ecotone studio I started thinking about how the first stages of the Ecotone experience could grow by offering wider choices. I became concerned with the reduced number of computer operations that we had used to spark the processes of seed transformation and surface generation. For other researchers, the answer at this stage is programming. CATIA, for instance, allows planning for a series of events over a surface and watching the responses. While this path must be fruitful, it seemed excessively scientific to me. Thinking about the students, at this stage, I was mainly concerned with the transmissibility of the process and not with the results. I worried with Siza about the scientific inflexibility of careful planning; and there certainly was also a sour-grapes feeling since at that moment I had no access to CATIA. As an alternative, I proposed researching the modeling programs that we were familiar with for their potential for other operations to generate surfaces. Conceptually this research was no more than an extension of the path taken by Dollens with Rhino, but I thought that for favoring intuition the use of known programs will always retain educational advantages.

Within the potential offered by the UF Scholars Program—in which a student receives funds for full-time work with a professor in a research project—I offered the investigation

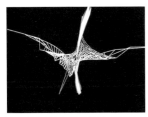

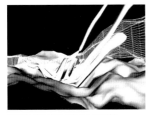

Results from research on generative exercises by Christie A. Whitten.
Fig. 9. Preliminary Studies Impact Series.

Resultados de la investigación en nuevos ejercicios de generación a Christie A. Whitten. Fig. 9. Estudios Preliminares Serie Impacto.

TumbleTruss como en su transformación en un programa educativo a través del Taller Ecotone, eran un campo ideal para explorar, y explotar, las posibilidades contenidas en esa idea de "arquitectura natural" que yo veo dentro de mi uso del concepto de "architectonics".

La evaluación de mis estudiantes de las experiencias producidas dentro del Taller Ecotone —resumidas aquí a través otra vez de los comentarios de estudiante Moore— fue que la utilidad del estudio residió por encima de todo en la fase de establecimiento de un vocabulario digital y —para nosotros— en la relación de este vocabulario con nuestro uso del concepto de "architectonics":

> "El interés del proceso emerge no tanto de la típica intervención programática o ambiental, sino de los ejercicios que desarrollan un nuevo conjunto de herramientas y operaciones. El uso de Rhino estimula nuevos procesos y posibilidades de diseño generativo debido a su énfasis específico en el control de superficies. Este programa favorece un método intuitivo de trabajo con líneas y superficies que permite añadir información en las sucesivas generaciones y permutaciones del proyecto. La obra y los escritos de Sullivan jugaron un papel importante al legitimar en nuestra mente nuestros procesos de dibujo. Ninguno de nosotros (estudiantes de UF) habíamos explorado las posibilidades de un programa de visualización tridimensional de esta forma. Con esta nueva perspectiva emerge una nueva manera de pensar el diseño que incorpora las lógicas estructurales intuitivas que uno tiene al principio de un proyecto, esas que a menudo se pierden al trabajar en procesos tradicionales.
>
> Quisiera añadir que esta oportunidad ha sido una de las mejores dentro de mi educación. El trabajar con Dollens y los estudiantes de la UIC ha sido una experiencia positiva y enriquecedora."

A pesar de este convencimiento de la utilidad de establecer un vocabulario digital, nuestros hábitos establecidos de trabajo favorecieron las etapas de la experiencia ambiental sobre las de los dos primeros ejercicios de generación del léxico. Las cuatro presentaciones finales que usamos aquí como ejemplo demuestran como el contexto transformó el potencial de concepto

to Christie Whitten, a brilliant student of mine with expertise in modeling programs. Under my supervision, from the summer of 2001 to the spring of 2002, Whitten explored possibilities offered by Rhino, FormZ, 3DStudio, and 3DMax for generating surfaces.

Whitten's work, published in January 2003 in UF's *Journal of Undergraduate Research* (available online at http://web.clas.ufl.edu/CLAS/jur/0103/whittenpaper.html) materialized in three series of commands that would take roles conceptually similar to the one that Rhino's heightfield operation took in the Ecotone class. In Whitten's words, our commands—impact, envelop, respond (to environment)—started, "as one-word statements of a basic universal relationship" that would conceptually lead us through a process. Seed forms were submitted to a sequence of operations that, led by the one-word statement, took advantage of the native commands of the particular modeling program under study. The sequence of native commands was recorded as a new second-generation "programming command." Every new "command" needed to prove its validity in its potential application as a growth structure to other starter forms. The commands selected for Whitten's paper were the most successful of the series.

Remembering here Dollens's early desire "to be dealing with arbitrariness in forms" may be an appropriate way of approaching a close for this, by nature, incomplete tale. Copied below, Whitten's words about our criteria for action reflect our ingrained fear of the arbitrary form, as well as our willingness to deal with it:

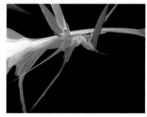

Results from research on generative exercises by Christie A. Whitten. Fig 10. Impact Series: interactions with square planes.

Resultados de la investigación en nuevos ejercicios de generación a Christie A. Whitten. Fig. 10. Serie Impacto: interacción con superficies rectangulares.

> *Command series are initiated seeking computer-generated space that has a clear and identifiable form. Sullivan created his ornament by starting with basic geometry, shapes, and axes that he saw as "seeds" or "containers of energy." The seed, however was understood as flourishing only by the bending of its lines and the pushing it through more complex geometries.*

Future investigations must emerge from the evaluation of our results, an evaluation that will remain ingrained in form. Our sequences stopped—as Whitten states in her paper—when "the form reached a breaking point, a point where it begins to

contenido en los léxicos iniciales de los estudiantes. Este comentario no implica necesariamente una crítica del pensamiento ambiental que consideramos forma parte fundamental de este proceso. Todos estuvimos de acuerdo, sin embargo, que habría sido interesante explorar más posibilidades para el léxico en las partes iniciales del proceso.

Con esta consideración en mente, en el Verano escolar del 2001, en mi post-evaluación del Taller Ecotone, empecé a pensar en cómo las partes iniciales del proceso podrían crecer y ofrecer elecciones más variadas. Me preocupaba por ejemplo el reducido número de operaciones del ordenador que de hecho habíamos usado para generar las superficies y sus transformaciones. Para otros investigadores en procesos de este tipo, la respuesta en este estado de la investigación es programar ellos mismos las transformaciones. CATIA, por ejemplo, un programa tridimensional avanzado, permite planear la actuación de una serie de sucesos sobre una superficie y observar sus efectos. Mientras esta aproximación tiene que ser necesariamente interesante, me pareció excesivamente científica. Pensando en los estudiantes, a este nivel, prefería enfatizar la transmisibilidad del proceso, más que sus resultados finales. Me preocupaban, recordando las advertencias de Siza mencionadas antes, la inflexibilidad científica de una programación estricta que en mi opinión no crea el clima necesario para el proyecto –quizás, la fábula de las uvas verdes tomaba parte en mi decisión, después de todo en aquel momento yo no tenía acceso a un programa como CATIA.

Como alternativa me propuse investigar dentro de los programas de visualización tridimensional con los cuales ya estaba familiarizado otras posibilidades de generación de superficies con cierto grado de arbitrariedad. Conceptualmente esto no era más que una extensión del camino tomado por Dollens con Rhino, pero pensé que el uso de programas conocidos, favoreciendo quizás el uso de la intuición, siempre tendría ventajas desde el punto de vista educacional.

Aprovechando las ventajas ofrecidas por el programa de formación de investigadores de la Universidad de la Florida — un programa que mantiene económicamente a un estudiante en un trabajo de investigación de jornada completa en colaboración con un profesor determinado— le ofrecí la investigación a Christie Whitten, uno de mis mejores estudiantes con experiencia substancial en programas de visualización tridimensional.

disintegrate rather than allowing for further subtleties." Paradoxically, however—as we acknowledge with the second of our introductory quotations—, we agree with Bernard Cache in that the way ahead lies in the understanding of these seemingly unknown—or arbitrary—formal results—what Cache baptizes "Digital Dragons" in his essay of the same name (available at www.objectile.com/theorie/dragon/dragle.htm). In his valuable reflections on digital form, Cache offers topological thinking rooted in the unresolved struggle to understand both the clear geometric sign represented by the vector and the free shape embodied by the dragon. We are not yet there, but in an interesting twist, Cache's writings are helping us to relate the Ecotone studio to our investigations of the strip. In the first illustration in Cache's Digital Dragon essay—Chinese painter Cheng Rong's "Nine Dragons Appearing through Clouds and Waves"—the dragons appear at the scale of, and as, a landscape meditation. Represented by this painting, Cache's writings open a way for applying scale-less topological thinking—as is, in essence, the thinking that emerges from the Ecotone studio—to the territorial scale.

In January 2003, Dollens and I stumbled upon the Barcelona RAS Gallery exhibit of Foreign Office Architects' Yokohama Project. The Yokohama pier brought to mind many of the issues discussed here: Cache's topological thinking and its potential to contribute to the issue of place, my territorial/landscape studies on the strip, Dollens and UIC's genetic investigations, as well as my use of the concept of architectonics in its structural/conceptual/constructional potential. The coincidence of factors forced a still ongoing meditation on how a project such as Yokohama may help to conceptually bridge all four strains of the digital experiences willfully put together in these notes.

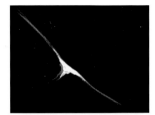

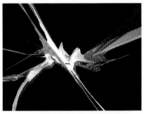
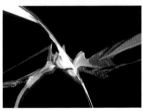

Results from research on generative exercises by Christie A. Whitten. Fig. 11. Impact Series: interactions with Triangular planes.

Resultados de la investigación en nuevos ejercicios de generación a Christie A. Whitten. Fig. 11. Serie Impacto: interacción con superficies triangulares.

Empezando en el verano del 2001 a tiempo completo, y hasta la primavera del 2002 a tiempo parcial, Whitten se dedicó a explorar bajo mi supervisión las posibilidades que Rhino, FormZ, 3DStudio, y 3DMax podían ofrecernos para la generación de superficies.

El trabajo de Whitten's publicado en Enero del 2003 en el "Journal of Undergraduate Research" de la Universidad de Florida (y disponible a través de Internet en la dirección: http://web.clas.ufl.edu/CLAS/jur/0103/whittenpaper.html), se materializó en forma de tres series de "operaciones" capaces de adoptar el papel que la operación "heightfield" de Rhino tomó en el Taller Ecotone. Nuestras operaciones: "Impacto", "Envoltura", "Reacción" (a "Ambiente"), comenzaron, como Whitten explica en su publicación: *"como manifiestos de una palabra que representaran una relación básica de tipo universal"* capaz de dirigir un proceso. Con la idea de la "Operación" en la mente, sometimos Formas "Semilla" a una secuencia de operaciones nativas del programa particular objeto del estudio. Las secuencia de operaciones nativas se grabaron como nuevas "Operaciones Programadas" de segunda generación. Cada una de estas nuevas "Operaciones" tuvo que probar su validez en la habilidad de ser aplicada a otras Formas Semilla como una estructura de crecimiento. Las operaciones elegidas para la publicación de Whitten fueron las más satisfactorias entre las que probamos.

Quizás volver aquí a recordar el deseo de Dollens al principio de este proceso de *"trabajar con la arbitrariedad de la forma"* sea una forma de dirigirse a un final provisional para estas notas, que por su naturaleza deben quedar incompletas. Las palabras de Whitten copiadas a continuación, aunque dejan entrever nuestro miedo innato hacia la forma arbitraria, también reflejan nuestro deseo de trabajar con sus consecuencias:

> *Iniciamos las series de "Operaciones" buscando espacios generados por el ordenador que tuvieran una forma clara e identificable. Pensábamos en que cuando Sullivan creó su sistema de decoración comenzó con geometrías básicas; formas éstas que consideró como "semillas" o "contenedores de energía". Para Sullivan, sin embargo, la "semilla" florecía sólo cuando sus líneas se curvaban, pasando al territorio de geometrías más complejas.*

Nuestras futuras investigaciones deben necesariamente empezar en la evaluación de los resultados obtenidos hasta ahora, una evaluación que, para mí, se mantiene en el terreno de la forma. Nuestras secuencias de operación pararon —como Whitten escribe en su publicación— cuando *"la forma alcanza un punto crítico, un punto donde, en vez de continuar evolucionando sutilmente, empieza a desintegrarse."* Quizás de manera paradójica, estamos de acuerdo con Bernard Cache –reconociendo nuestra deuda en la segunda de nuestras citas en el encabezamiento de estas notas— en que el camino futuro reside en continuar adentrándonos en el entendimiento de estos resultados que ahora nos parecen desconocidos o arbitrarios. Estos son los resultados que Cache en su ensayo del mismo nombre (disponible a través de Internet en la dirección: www.objectile.com/theorie/dragon/drag1e.htm) bautiza como "Dragones Digitales". En sus valiosas reflexiones sobre la naturaleza de la forma digital, Cache ofrece un pensamiento de tipo topológico que intenta el entendimiento simultáneo del signo geométrico claro, representado por la flecha, y de la forma libre, representada por el dragón. Todavía no he cerrado el círculo, pero los escritos de Cache me están ayudando a relacionar el taller Ecotone con nuestras investigaciones sobre el "strip". En la primera ilustración incluida en "Dragón Digital" —un dibujo del pintor chino Cheng Rong titulado "Nueve dragones apareciendo entre las nubes y las olas"— los dragones se dibujan a la escala del paisaje, convirtiéndose en sí mismos en una meditación sobre el territorio. Representados por este dibujo, los escritos de Cache abren la posibilidad de aplicar un pensamiento topológico sin escala, como el que emerge del Taller Ecotone, a la escala del territorio.

En enero del 2003, Dollens y yo coincidimos casualmente en la galería Barcelonesa RAS durante la exhibición del Proyecto Yokohama de los Foreign Office Architects. La terminal de Yokohama trajo a nuestras mentes muchos de los temas discutidos aquí: el pensamiento topológico de Cache y su contribución potencial a las discusiones sobre el territorio, las

Alfonso Pérez-Méndez, a practicing architect since 1979, currently teaches at the University of Florida. His recent books include, *"2G, Craig Ellwood," "In The Spirit of the Time,"* and forthcoming a study on Mexico DF's Post WW II architectural culture. His practice and writing focuses on the ideological connections between place and technology.

Alfonso Pérez-Méndez, arquitecto desde 1979, enseña en la Universidad de Florida. Sus libros incluyen: *"2G, Craig Ellwood", "Con el Espíritu de la Época"* y, un estudio de próxima aparición sobre la cultura arquitectónica de la Ciudad de México después de la Segunda Guerra Mundial. Su práctica y escritos se concentran en las conexiones ideológicas entre el lugar y la tecnología.

investigaciones del programa de arquitecturas genéticas de Dollens y la UIC, mi preocupación por los problemas territoriales del "strip", y también mi interés en el concepto de "architectonics" y sus implicaciones estructurales, conceptuales y constructivas. Esta coincidencia de factores motivó una meditación que todavía continua aquí sobre las posibilidades de un proyecto como el de Yokohama para conectar intelectualmente los cuatro hilos de las experiencias digitales que, quizás con un exceso de voluntarismo, he intentado juntar en estas notas.

Translated by Alfonso Pérez-Méndez

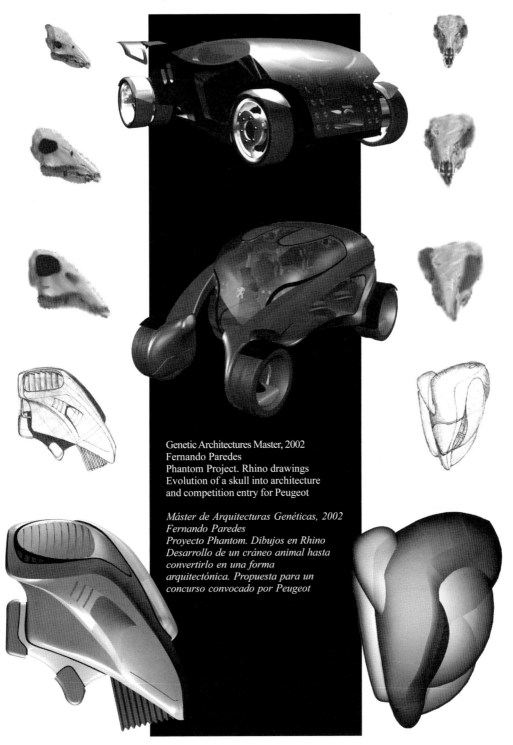

Genetic Architectures Master, 2002
Fernando Paredes
Phantom Project. Rhino drawings
Evolution of a skull into architecture
and competition entry for Peugeot

*Máster de Arquitecturas Genéticas, 2002
Fernando Paredes
Proyecto Phantom. Dibujos en Rhino
Desarrollo de un cráneo animal hasta
convertirlo en una forma
arquitectónica. Propuesta para un
concurso convocado por Peugeot*

Una Experiencia Abierta
Joaquim Ruiz Millet & Ana Planella

Cuando Dennis Dollens nos propuso el proyecto de exponer los resultados de sus cursos de arquitectura digital, ya sabía que la galería no realiza muestras de talleres, o de estudiantes, salvo casos excepcionales. Pero Dollens expone regularmente en H_2O y planteó un taller donde la aplicación de sus teorías sobre "visualización y diseño de superficies y estructuras" se centraría en la transformación virtual del espacio concreto o "real" de la galería. Paralelamente a su propuesta de trabajo sobre un lugar construido, y sobre todo vivo, proponía un segundo punto de interés en su sistema docente —adecuado al hecho de que muchos de sus estudiantes son arquitectos en activo—, consistente en hacer públicas las propuestas finales a través de una organización especializada como la nuestra. Y ello no sólo para estimular a los miembros del taller —cosa ajena a los intereses propios de nuestra actividad específica—, sino por la convicción de la naturaleza abierta a soluciones frescas o innovadoras.

Entre las conclusiones cabría preguntarse si las nuevas tecnologías podrían producir nuevas formas radicales de cobijo. O hasta qué punto nuevos sistemas de software están ampliando ahora mismo de forma esencial nuestra concepción del espacio y su ocupación. ¿Nos liberarían de los esquemas heredados, aparentemente más rígidos? ¿O todo ello conduciría a una arquitectura de barniz neo-organicista —no orgánica—, como una caricatura dotada de la inmediatez de una renderización? ¿A unas aglomeraciones urbanas todavía más próximas a una viñeta de cómic?

Pues si la arquitectura es un sistema de ocupación del espacio, ella debería existir en la *cabeza* —por lo menos de forma fragmentada— ya antes de que tenga lugar la propia construcción. Sólo excepcionalmente se ha producido la arquitectura en el momento mismo de la producción material. Por esto la propuesta de Dennis, con la incorporación a los talleres de un proceso de CAD-CAM que le ofrecía la ESARQ UIC, nos hizo pensar en la posibilidad de experimentar sobre los límites de la inmediatez en la mecanización de las formas tradicionales de la edificación, así como en la incorporación a ella de nuevos materiales. Abriéndonos a imaginar sistemas posibles de construcción todavía virtuales y a formas de ocupación del espacio distintas.

1910 façade of Gallery H_2O; interior views of gallery showing the 2003 ESARQ UCI exhibition. Gallery H_2O has been a European center for the exhibition of new architecture, design, and photography. The gallery has also published a series of monographic books as well as artist and designer editions of furniture, lamps, and jewelry.

Fachada de la Galería H2O construida en 1910, paredes interiores de la galería mostrando la exposición de la ESARQ UIC en 2003. La Galería H2O ha sido un centro de rango europeo para la exposición continuada de nueva arquitectura, diseño y fotografía. La galería también publica una serie de libros monográficos así como edita mobiliario, lámparas y joyas de artistas y diseñadores.

An Open Experience
Joaquim Ruiz Millet & Ana Planella

When Dennis Dollens proposed to us the project of exhibiting the results of his courses in digital architecture, he already knew that the gallery does not present student or studio shows, except in exceptional cases. But Dollens exhibits regularly at H_2O, and he had designed a studio in which the application of his theories of "the visualization and design of surfaces and structures" would be focused on the digital transformation of the gallery's physical or "real" space. Parallel with his proposal of working on a constructed and, above all, vital site, he proposed a second interesting point in his pedagogical method, one appropriate to many of his students who are practicing architects: making the final projects public through a specialized organization such as ours. And he made this proposal not only to stimulate the members of the studio—a goal apart from the interests of our particular activity—but also because of his conviction that the gallery is a space open to fresh, innovative solutions.

Among the conclusions, it would be fitting to ask if the new technologies will be able to produce radically new forms of shelter. Or, to what point the new software systems are right now, in any essential way, amplifying our concept of space and its occupancy. Will they liberate us from inherited schemes, which seem so rigid? Or will it all lead us to architecture with a neo-organicist—not organic—gloss, like a caricature endowed with all the immediacy of a rendering? To some urban massings even closer to a comic vignette?

Since architecture is a system of occupying space, it ought to exist in the *head*—at least in a fragmentary form—long before its actual construction takes place. Only rarely has architecture been produced simultaneously with its material production. For this reason, Dennis's proposal, with its inclusion of the CAD-CAM process that ESARQ UIC provides for the studio, caused us to think about the possibility of experimenting with the limits of immediacy in mechanizing traditional forms of building, as well as in incorporating new materials. Opening ourselves to imagining possible systems of construction that are still virtual and to different ways of occupying space.

Translated by Ronald Christ

Joaquim Ruiz Milet has long been involved in cultural activities, from the making of film shorts to contributing to journals of art and literature. He has published two collections of poetry, *1 empieza acaba 1* and *El núcleo de la resistencia, años de felicidad*, as well as numerous articles about art, architecture, and design in books, catalogues, and specialized reviews. Educated in architecture (ETSAB), he co-founded, with Ana Planella in 1989, Barcelona's Gallery H_2O, where he has extended his activities to being director of the gallery, cultural agitator, publisher of books, and commisioner of design objects.

Joaquim Ruiz Milet ha estado siempre implicado en actividades culturales, desde la realización de cortos hasta la participación en revistas de arte y literatura. Ha publicado los libros de poesía "1 empieza acaba 1" y "El núcleo de la resistencia, años de felicidad", así como numerosos artículos sobre arte, arquitectura y diseño en libros, catálogos y revistas especializadas. Arquitecto de formación (ETSAB), crea en 1989, junto a la escritora Ana Planella, la Galería H_2O de Barcelona, desde donde desarrolla su actividad como galerista, agitador cultural, comisario de exposiciones, editor de libros y de objetos de diseño. Esta amplia labor ha sido recogida por periódicos y revistas nacionales e internacionales.

Ana Planella, with the architect Joaquim Ruiz Millet, co-founded Gallery H_2O in Barcelona in November 1989. H_2O is dedicated to monographic exhibitions of architecture, design, photography, and contemporary art. Educated in philology, she has contributed to journals of art and literature as well as publishing novels and collections of stories

Ana Planella ess co-fundadora, junto al arquitecto Joaquim Ruiz Millet, de la Galería H_2O de Barcelona (noviembre 1989), galería dedicada a las exposiciones monográficas de arquitectura, diseño, fotografía y arte contemporáneo. Filóloga de formación, ha colaborado en revistas de arte y literatura y publicado novelas y libros de relatos.

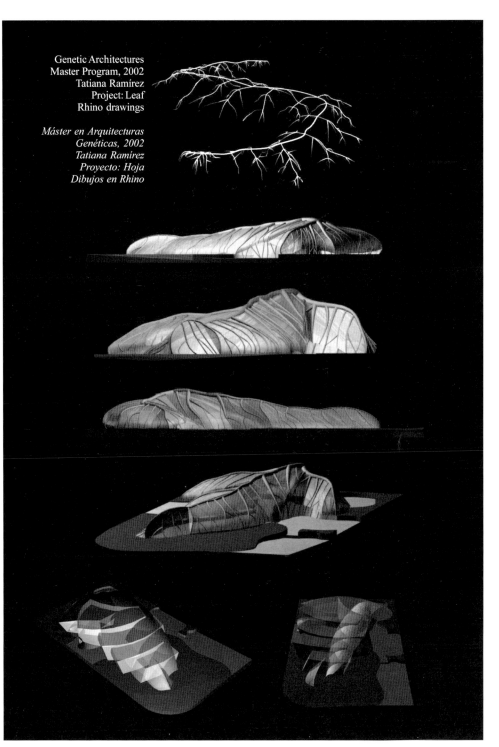

Genetic Architectures
Master Program, 2002
Tatiana Ramírez
Project: Leaf
Rhino drawings

*Máster en Arquitecturas
Genéticas, 2002
Tatiana Ramírez
Proyecto: Hoja
Dibujos en Rhino*